本书编委会

主　　编：王　宾
副 主 编：余　葵　杨　霞
参编人员：黄新宇　崔　琳　李沣恒　郑庆宇
　　　　　倪坤晓　项程程　晏　妮　种　聪
　　　　　吕明阳　白锋哲　徐　刚　巩淑云

农村集体产权制度改革
典型村级案例

农业农村部政策与改革司◎编

人民出版社

责任编辑:刘敬文

封面设计:汪　阳

责任校对:白　玥

图书在版编目(CIP)数据

农村集体产权制度改革典型村级案例/农业农村部政策与改革司 编. —
　北京:人民出版社,2022.5
ISBN 978－7－01－024684－0

Ⅰ.①农…　Ⅱ.①农…　Ⅲ.①农村-集体财产-产权制度改革-案例-汇编-
中国　Ⅳ.①F321.32

中国版本图书馆 CIP 数据核字(2022)第 058090 号

农村集体产权制度改革典型村级案例

NONGCUN JITI CHANQUAN ZHIDU GAIGE DIANXING CUNJI ANLI

农业农村部政策与改革司　编

人民出版社 出版发行

(100706　北京市东城区隆福寺街 99 号)

中煤(北京)印务有限公司印刷　新华书店经销

2022 年 5 月第 1 版　2022 年 5 月北京第 1 次印刷

开本:710 毫米×1000 毫米 1/16　印张:16

字数:210 千字

ISBN 978－7－01－024684－0　定价:58.00 元

邮购地址　100706　北京市东城区隆福寺街 99 号
人民东方图书销售中心　电话 (010)65250042　65289539

编者的话

农村集体产权制度改革，是党的十八大以来农业农村领域的一项重大改革。习近平总书记强调这项改革对推动农村发展、完善农村治理、保障农民权益，对探索形成农村集体经济新的实现形式和运行机制，都具有十分重要的意义。2016 年 12 月，党中央、国务院印发《关于稳步推进农村集体产权制度改革的意见》，对改革作出了总体部署。

按照党中央要求，中央农办、农业农村部会同全国农村集体产权制度改革部际联席会议成员单位，聚焦农村集体资产清产核资和经营性资产股份合作制改革两项重点任务，指导各地从县级起步、地市推开到全省覆盖，先后开展了 5 批试点。各地认真贯彻落实党中央决策部署，围绕集体资产清产核资、成员身份确认、经营性资产股份合作制改革和发展新型集体经济等重点任务，精心组织实施，取得显著成效，完成了党中央、国务院确定的各项工作目标。

改革中各地创新方式方法，采取了一系列有力度、有特色的改革举措，形成了许多好做法好经验。2021 年农业农村部政策与改革司从全国范围征集遴选了 55 个集体产权制度改革典型村案例，既涉及城中村、城郊村和经济发达村，又涉及传统农区和经济欠发达村。这些村结合自身实际，在改革各环节坚守政策底线、充分尊重农民意愿、严格规范程序，扎实有序推进集体产权制度改革，形成了可复制可推广的经验做法。本书既有各地完成改革规定动作的详细流程，也有改革自选动作的创新做法，希望对各地深化改革有所借鉴。在此，感谢各省（自治区、直辖市）农业农村部门从事农村政策与改革工作同志对改革作出的贡献和提供的优秀案例。

《农村集体产权制度改革典型村级案例》编委会

2022 年 3 月

目　录

北京市海淀区温泉镇白家疃村：

尊重历史 有序推进 严守政策 确保稳定

白家疃村位于北京市海淀区北部新区，是温泉镇人民政府所在地。村域面积8.9平方公里，户籍人口4 400人左右。白家疃村是历史悠久的古村落，村内还保留有清代怡贤亲王祠和与红楼文化有关的曹雪芹小道。2010年白家疃村启动农村集体产权制度改革工作，2012年8月成立股份经济合作社，2020年人均分红10 352元。截至2021年6月，白家疃村集体资产总额5.5亿元，所有者权益4.75亿元。白家疃村集体产权制度改革的有序推动和集体经济的快速发展，得益于改革"七步法"。

一、加强领导，强化宣传

领导机构是农村集体产权制度改革工作的基础和保障。在温泉镇农村集体产权制度改革领导小组的指导下，白家疃村成立了由党支部书记任组长的农村集体产权制度改革领导小组，负责开展各项工作，支部书记是第一责任人。农村集体产权制度改革涉及广大农民群众的切身利益，在改革工作的各阶段，通过广播、电视、内部通信、宣传栏、横幅、一封信等形式进行政策宣传，做到家喻户晓、人人皆知，形成了人人了解改革、关心改革、支持改革、参与改革的良好氛围。

二、严密组织，制定方案

依据《温泉镇农村集体产权制度改革指导意见》《温泉镇农村集体产权制度改革清产核资工作指导意见》等文件精神，白家疃村结合工作实际，制定了村级改革工作方案，明确了改革工作的目的和意义、指导思想、任务安排、领导机构和改革基准日，提出了成员界定政策和股份量化政策等具体内容，为改革的顺利推进提供了制度保障。

三、尊重历史，重点推进

尊重历史是平稳有序推进改革的法宝。由于年代久远，农村体制多次变革，为充分保障老股金权益人的权益，妥善处置原始入社股金问题，规定1956 年入社时年满 16 岁（含）以上的人员，均视为老股权的持有人。同时，本着尊重历史、兼顾现实的原则，协调平衡各方利益，把能够出示当年股权证的社员也确认为老股权持有人，老股金处置的难点迎刃而解。对于学生成员身份界定问题，规定改革基准日在校和已毕业的农转居大学生实行阶梯式分配模式，根据具体情形，确认成员身份或给予合理补偿，充分保障了群众权益。

四、严守政策，维护稳定

在推进农村集体产权制度改革过程中，始终秉承公平、公正、公开的原则，在政策把握上始终与镇级产权制度改革领导小组保持一致，并严格执行。面对群众对政策的不理解、不清楚，坚持大原则不妥协、不动摇、不让步，安排熟悉政策、思路清晰、责任感强的业务人员做好政策解读工作，最大限度地保障诉求、化解矛盾，确保了农民知情权、参与权、表达权、监督权，保证了改革平稳有序推进。

五、严格把关，保证质量

坚持客观、全面、准确、透明的原则，开展集体资产清产核资工作，确定时点和范围，以账面金额为基础，严格按照会计制度的有关规定进行全面清查核实。针对盘盈资产，严把作价关，按照规定程序合理重置价值。清产核资工作真正做到了范围全、计算准、手续清、文件透、数有据、程序对、结果明、心中安，真实反映了集体资产情况，为资产收益权量化打下了坚实基础。

六、客观核定，划分比例

集体经济组织成员股份是参加集体收益分配的基本依据，是群众关注度高的重要一环。为客观合理的确定成员的劳龄份额与基本份额比例，白家疃村先后拟定了 4 套方案，组织党员、干部、社员代表充分座谈，积极征求采纳群众意见，最终经民主讨论选择了一套最合理、最客观、最实际的方案，赢得了农民的认可，让农民有更多获得感。

白家疃村股份经济合作社成员举手表决集体经济组织事项

七、遵循程序，有理有据

农村集体产权制度改革工作必须讲政策，重程序。白家疃村在改革过程中每个阶段，做到了坚持规定原则不动摇，坚持规定程序不走样，坚持规定步骤不减少。人员登记、清产核资结果均采取"三榜"定案，报镇、区改制领导小组审核，并通过民主程序予以确认。各类股权设置比例和个人股量化办法草案审议，股东代表、理事会和监事会成员选举，章程制定等重要环节中均充分发挥民主，严格程序，保障了白家疃村农村集体产权制度改革工作圆满完成。

北京市昌平区回龙观镇北店嘉园社区：
拆迁补偿变股权 集体经营闯新路

北店嘉园社区位于北京市昌平区回龙观街道办事处，由原回龙观镇北店村整建改制而成。2001年，原北店村6 000亩土地全部被征用，获得了6亿元征地补偿款，村民全部农转非，成为城市居民。为规范集体资产运营管理、盘活集体资源资金资产，并让社区居民公平享有集体经济发展成果，2004年11月北店嘉园社区开展了农村集体产权制度改革，逐步走出了一条依靠股份合作发展壮大集体经济的成功路子。北店嘉园社区改革的做法大致可以归纳为6个方面。

一、坚定发展方向，明确集体经营的路子

经反复征求村民意见，在村"两委"班子的带领下，原北店村确定了集体经营的路子，社区集中利用获得的征地补偿款。一是用于村民农转非过程中的社保等支出，确保了村民转为居民后养老、医疗等保障"无缝衔接"。二是用于以每亩11万元的价格回购200亩住宅用地，并建设26.8万平方米回迁楼。回迁房按每人70平方米的标准分配，每平方米1 200元，2003年11月居民不用支付房款入住新社区，相当于每人以8.4万元补偿款入股建设新社区。三是用于以每亩40万元的价格回购46.1亩的商业用地。除去这3项开支，补偿款剩余1.9亿元。2004年改革前，由昌平区经管站对北店村集体资产进行了清产核资，最后评估资产总额为2.94亿元，净资产总额约2.77亿元。2006年，合作社将1.9亿元集中投资建设9.2万平方米的北店时代广

场商业楼，营业十多年来总收入 3.4 亿元，这项资产成为社区集体经营性收入主要来源。

二、量化资产股份，明晰集体和个人权益

改革中，社区将评估后的净资产全部量化到村集体和居民个人，并转为集体和个人在集体产权制度改革后设立的股份合作社的股份。其中，净资产的 30%，约 8 000 万元，量化为集体股；净资产的 70%，约 1.94 亿元，量化为个人股。个人股又细分为劳龄股、户籍股和独生子女父母奖励股，各类股股本金额分别占个人股净资产的 80%、18% 和 2%，分别为 1.55 亿元、3 491 万元和 381 万元。根据公开、公正、公平和群众公认的原则，合作社对资产量化的情况进行了"三榜"公布，确保居民的知情权。

三、分类设置股权，确定成员享有资产份额

社区将改革基准日确定为 2004 年 11 月 16 日，并以此试点对股民人数进行核实确定，股民总人数为 2 473 人、690 户。针对股民结构较为复杂的现实情况，社区采取了分类设置股权的办法。具体是：劳龄股分配给 1956 年 1 月 1 日"入社"时至改革基准日的劳动力，在本村（社区）每劳动一年得一股，不满一年按一年计，共计 37 006 股；户籍股分配给具有原北店村"原始"农业户口的人员，按照每人一股，共计 1 435 股；独生子女父母奖励股分配给享受户籍股的独生子女父母，按每人 0.5 股，共计 311.5 股。股本金总额除以总股数即为每股股值，劳龄股每股股值 4 190 元，户籍股每股股值 24 327 元，独生子女父母奖励股每股股值 12 248 元。2007 年 8 月 15 日，北店嘉园社区股份合作社的股权证发放到股民手中。

四、加强内部管理，规范集体经济组织运行

一是完善组织管理框架。合作社设董事会、监事会，董事会成员 7 人，监事会成员 5 人，均由民主程序选举产生。实行党支部班子成员、居委会成员和集体经济组织管理人员交叉任职，加强党支部的统一领导，提高了集体经济组织的运行效率。二是规范选举程序。改革之初，社区制定了股份合作社章程，其中明确每 30 名左右股民选举产生一位股东代表。选举时，劳龄股每股 1 票；户籍股每股 6 票；集体股、独生子女父母奖励股不参与投票，只享有收益权，不享有表决权。2007 年 6 月，北店社区选举产生股东代表 92 名，同年 7 月，选举产生了首届董事会、监事会成员，随后每 3 年改选一次。三是完善资产监管机制。遇到集体资产运营管理重大事项时，须经群众建议、书记提议、支部动议、"两委"合议、集体商议、党委核议、党员大会审议、村民代表会决议、公示实施、验收反馈等"十步"工作流程。同时，加强镇级对村集体重大事项的审核与监管力度，强化党组织对村级事务决策的领导力，保证资产重大事项既合乎民意又合法合规。

五、成立下属公司，稳妥开展集体资产运营

为确保集体资产稳步发展，社区选择了发展服务业、商业为主的资产运营方式。社区股份合作社先后成立了两个物业公司，两个公司自负盈亏。其中，北京北店时代商业管理有限公司负责北店时代广场的运营管理，每年出租经营收入达 3 500 万元；北店嘉园物业管理有限公司负责社区物业管理，主要为社区提供社区服务。此外，2013 年经社区"两委"、党员和股民代表商议决定，合作社按照年利率 8% 向股民借款 8 015 万元，购买回龙观 1.5 万平方米的商业楼，用于出租，每年纯收入 1 300 万元，合作社利用集体股分红收益支付股民利息。

六、试点股权流转，丰富集体资产股份权能

合作社章程规定，股民界定后不增不减，合作社不回购股民股份。改革中，考虑到居民户内有人口变动、生活急需用款等，部分股民有流转股权的需求，合作社探索了赋予股民集体资产股份转让、继承等权能。一是允许股份"社内转让"。股民转让股权时，要和合作社签订股权转让协议书，经董事会同意、合作社盖章确认后办理相关手续，并按照改革之初确定的原始股值，由受让方购买转让方股权。十几年来，社区有 6 位股民因看病、做生意、买房等原因急需用钱，把自己所持股份全部转让给了社区其他股民。二是允许股份依法继承。股民死亡后，可由有继承权的人员继承。继承时，首先在社区法律服务顾问的帮助下，调解每户有继承权的人员并达成一致意见，确定继承人，确保继承无纠纷。随后，继承人和合作社签订股权变更协议，经合作社盖章确认后办理继承手续。截至目前，已经有 155 人继承了死亡股民的股份。

从目前情况看，北店嘉园社区农村产权制度改革成效明显。一是增加了股民的财产性收入。截至 2017 年，社区为全体股民分红 11 年，分红比例由 2007 年的 3% 逐年提高至 2017 年的 9%，累计分红 1.26 亿元。2017 年社区男劳动力最高（劳龄股 45 股、户籍股 1 股）分红 19 159 元，女劳动力最高（劳龄股 40 股、户籍股 1 股）分红 17 273 元。二是重塑了劳动致富的价值取向。改革后，社区通过民主决策制定新的规章制度，取消了过去不合理的福利待遇，扭转了高福利、坐吃山空的发展态势，根治了部分村民的惰性，调动了大家劳动就业致富的积极性。三是拓展了股民的就业渠道。社区依托北店时代广场，对在家有就业愿望的村民全部安排工作岗位，就业率达 95% 以上。四是密切了集体和个人之间的纽带关系。股民通过分享集体收益分红、接受就业指导服务及参与社区活动等，对集体的关注度更高、认同感更强，坚定了走集体经营路子的信心。

随着地区城镇化的推进，很多城郊村将面临征地后发展的路径选择问题。北店嘉园社区开展农村集体产权制度改革的经验做法，可以为类似地区提供

一些参考借鉴。一是改革较好地解决了"统""分"的关系，实行集体资产集体统一经营、个人持股分红，既保持了资产的完整性、避免了资产"分光吃净"，又理顺了集体和个人间的利益关系。二是社区选择了较为稳妥的资产运营管理模式，确保了集体资产的保值增值，让股民长期稳定享有集体经济发展成果，降低了改革阻力。三是前瞻性地允许股权流转、继承等，适度放开了社区成员的"进口"和"出口"，适应了城镇化进程中社区人员结构演变的现实情况，符合市场化改革的基本方向，增强了改革的可持续性。

天津市蓟州区渔阳镇东北隅村：
改革赋能谋发展 "集"中生智惠百姓

蓟州区渔阳镇东北隅村坐落于府君山脚下，紧邻蓟州区政府，交通便利，地理位置优越，区位优势明显。全村共 1 129 户、3 906 人，92 名党员。2018 年 8 月，该村"两委"换届完成后，在镇党委、政府正确领导下，立即成立村产改工作小组，全面启动农村集体产权制度改革工作，结合该村实际，严格按照"4 个阶段、8 个环节、32 个工作步骤"稳步推进。经过近年来的不断努力，该村进一步夯实了农村基层组织基础，营造出了家家户户知晓改革政策、参与改革过程、拥护改革成果、共享改革红利的良好氛围，农民真正成为村集体资产的所有者、管理者，村集体经济发展的参与者、受益者。

一、强化组织引领，精选"治理骨干"

（一）深研改革政策。由党总支书记、"两委"班子成员、村民代表及熟悉村情的老会计、老干部组成产改工作小组，多次会同渔阳镇农经站负责同志，围绕"为什么要改革""重点环节、关键步骤怎么样改""改了会怎么样"进行 5 轮专题探讨研究，深刻把握"为什么改，改什么，怎么改"等事关该村改革全局和走向的重大问题，切实做到"学明白、想明白、讲明白、干明白"，全力当好推进改革的"明白人"。

（二）广泛宣传发动。坚持逢会必讲，召开村民代表大会 20 余次；坚持政策宣传入户到人，通过公开信、宣传单、告知书、村内广播、微信公众号等多形式进行政策讲解，共发放宣传单 1 000 余份，告知书 2 250 余份，真正让村干部、老百姓吃透政策精神和具体操作要求，切实让改革政策飞入寻常百姓家，确保村民充分认识农村集体产权制度改革的意义和目的，知晓改革的重要性、必要性和迫切性。

（三）严把程序标准。坚持"党总支正确引领、一根红线贯穿到底"的工作原则，对集体产权制度改革的 4 个阶段、12 个环节、32 个工作步骤进行挂图作战、销号管理，对集体资产清产核资的 9 道程序、52 张表格实行全程公开公示，确保程序合规合法。同时针对有关风险点，研究制定工作预案，开启信访绿色通道，及时回应农民群众关切和诉求，依法依规解决问题，切实保障合法权益。

二、摸清集体家底，交好"明白台账"

（一）全面摸排家底。针对历史遗留的坏账、死账，严格按照规范程序统一核销、统一公示公开，避免因清产核资引起社会不稳定。经过清产核资和资产清查，该村集体资产总额 2 329.39 万元，其中经营性资产 957.54 万元。集体土地面积 1 355.06 亩，其中农用地 443.61 亩，建设性用地 911.45 亩。

（二）全面清整问题合同。在清产核资过程中，依法依规收回被侵占的资源性资产，防止集体资产流失。截至目前，126 户强占集体土地的村民均写下承诺书，保证无偿将强占土地归还村集体。同时，对承包合同不规范、承包费长期拖欠的予以追缴。

（三）分类建立管理台账。按照资源性、经营性和非经营性 3 个类别建立管理台账，实施"台账式"动态跟踪管理，明确责任人、清查时限，"完成一项、销号一项"，确保分类甄别、全面清查工作高效有序进行。

三、理清成员边界，明确"身份权益"

东北隅村是典型的城中村，人员构成相当复杂，在成员认定过程中，村产改小组根据上级相关政策文件，坚持"宽接受，广覆盖，稳定第一"的工作原则，通过召开5次产改工作小组会议进行研究，2次成员代表大会审议通过《东北隅村股份经济合作章程》，并聘请专业律师全程参与制定《成员身份确认及收益管理规约》，既有效解决了过去人员准入不规范、不严格、开后门等问题，又有力保护了极少数人的权利被侵犯，如外嫁女、离异女及"学转非""空挂户"等，防止多数人侵犯少数人权益，保证改革成果惠及更多群众。截至目前，该村共确认集体经济组织成员2 463人，包括1997年以来未落实工作且原籍在本行政村的普通大中专院校农村生源毕业生209人，离异女（户口未迁出）13人。

四、渐进调整股权，体现"人民立场"

在股权设置和管理上，总的工作原则是"按照原有分配方式置换股权的基础上进行差异化配股"。此外，该村经历了两个阶段探索出了一条渐进式改革路径。

阶段一："平均赋权"，动态调整。改革初，股权设置和管理参照且延续了多年以来形成的"生增死减"收益分配方式，仅设置成员股，股权按照一人一股的方式量化，但是未把"特殊人群"纳入量化范围。

阶段二："差异赋权"，固化不变。根据上级相关要求，该村进行了第二次改革，采取"稳步慢走"的策略，利用近一个月的时间，经过村产改工作小组、"两委"班子召开近6轮的研究讨论，在一人一股的基础上进行差异化配股，共量化股权份额2 376.69股。针对民主界定成员、民主量化股权，最大限度地协调多数人和少数人、普通人群与特殊人群之间的利益争端。针对"学转非"群体，专门召开2次成员代表会议决定，由全体成员（以"户"为单位）进行投票表决的形式确定分配方案和分配比例，并对经过两轮公开透明的投票表决、公开唱票、张榜公示，此类人群最终获得61%的成员股股权比例。

五、发展集体经济，惠及一方百姓

（一）组建股份经济合作社，实现科学经营管理。该村于 2019 年 11 月 22 日成立了东北隅村股份经济合作社，作为村集体经济组织，代表集体行使所有权，履行集体资产经营管理职能，保障产改后集体资产"集体所有，成员人人有份"。2021 年 4 月，东北隅村股份经济合作社完成了换届选举工作，选优配强年轻化、高素质的经营管理班子，为组织有效治理、发展集体经济奠定了坚实基础。

（二）镇村协作共谋物业经济，盘活"沉睡的资产"。东北隅村股份经济合作社与镇下属企业合作开发闲置的集体商服用地，通过集体经营性建设用地入市政策协议出让土地，实现了农村集体经营性建设用地同权同价。后续将以所得土地出让金入股的形式，共同参与开发建设，既可有效避免大量变现资金分光吃净，也使村集体经济进一步发展壮大，让成员共享资本升值的红利。

（三）保障农民收益分配权，让改革成果惠及群众。截至 2020 年底，东北隅村股份经济合作社经营性收入超过 600 万元。该社每年从集体收益中提取一定比例的应付福利费用于老年人（男性满 60 周岁、女性满 55 周岁）的养老金及全体成员的医疗保险补助。2020 年底，该社应付福利费支出 155 万元，按股分红 335 万元，人均分红达 1 500 元，真正实现了"成员共享改革红利"的良好效果。

天津市津南区小站镇迎新村：
股份合作开新篇 齐力迈向强富美

位于津南区小站镇南部的迎新村早有盛名，1955 年 3 月，他们的事迹被收入《中国农村的社会主义高潮》一书，毛泽东主席亲笔修改并拟题为《一个作风很好的合作社》。进入新时代，在村党组织的带领下，迎新村不断朝着乡村振兴的目标努力，成为远近闻名的富裕村、文明村。特别是 2018 年以来，迎新村把农村集体产权制度改革作为乡村振兴的重要抓手，结合村庄实际，扎实推进工作，带动村庄更富、更强、更美。

一、创新"四转模式"，开启集体破冰之旅

过去迎新村人多地少、经济基础弱。2002 年，迎新村收入只有 100 多万元，村民过年只有一袋面的福利。2003 年，新的"两委"班子对村内土地资源和经济发展进行统一规划，改变了原来的混乱局面。2008 年，迎新村勇闯改革新路，成立了天津市迎新聚合商贸有限公司，将原有村集体资产进行评估，对村民土地经营权集中流转，由村民投入资金，书写了一本致富新经。当时核算村民资产、土地经营权，再加个人投资，村民每人每股 1 万元，共 1 600 股，村集体 400 股，总共 2 000 股由村集体和村民共同持股经营，由此形成了村民转股民、资源转资产、资金转股金、分散转集约的"四转"发展模式，迎新村村民不再是传统意义上的村民，他们是具有"身价"的股民。2014 年，又成立迎新蔬菜种植专业合作社，成为津南区乃至天津市都市型农业的一张靓丽名片。经过近年来的发展，公司资产由 2008 年的 2 000 万元壮大到 2020

年的 3.9 亿元，由最初的每人持股 1 万元到如今每人持股 7 万元。

二、坚持"三个突出"，科学谋划改革工作

迎新村坚决贯彻落实中央决策部署，坚持把农村集体产权制度改革作为经济社会发展的重要工作。

一是突出党建引领，强化组织保障。成立由村党总支书记为组长的工作领导小组，村"两委"会议研判工作，工作小组会议具体实施，进一步统一思想，明确目标，为整个改革的顺利进行提供了强有力的组织保障。

二是突出方案制定，重视改革培训。经村"两委"班子成员多次讨论研究，认真听取律师建议和上级部门指导意见，经党员、村民代表表决同意，先后制定了《股权改革方案》等工作方案与制度。通过召开动员部署会、工作人员培训会等多种形式培训，为整个改革的顺利进行打下了良好的业务基础。

三是突出政策宣传，做到家喻户晓。党员干部、村民代表带头宣传改革的有关知识，动员群众主动参与、全力配合，利用宣传栏、公开信等形式进行深入宣传，让村民充分了解农村集体产权制度改革的目的和意义，为改革工作的顺利实施营造了良好的舆论氛围。

三、实施"三步走"，全力保障成员权益

在经济快速发展的新形势下，迎新村充分思考当前聚合公司入股分红情况，通过清产核资、成员身份确认、配置股权管理、成立股份经济合作社"三步走"，进一步实现了对村集体资产的规范化管理，全力保障成员利益。

一是清产核资摸清家底。在此次清产核资中，为落实政策要求，迎新村决定将天津市迎新聚合商贸有限公司作为迎新村股份经济合作社的全资子公司同时进行清产核资。经全面清查，截至 2017 年 12 月 31 日，资产总计 35 357.97 万元。其中，经营性资产 17 284.47 万元，非经营性资产 18 073.5 万元；负债总计 3 451.22 万元；所有者权益 31 906.75 万元；可量化资产为

13 113.78万元。其中，全资企业天津市迎新聚合商贸有限公司可量化资产为12 841.5万元，除聚合公司外集体可量化资产为272.28万元。

二是股权静态管理保利益。经过专业审计机构清查、村集体审议、上级审核把关，迎新村股份经济合作社设"聚合股"和"普通股"。一是"聚合股"，可量化资产共12 841.5万元，其中村委会400股为聚合集体股，占20%；聚合公司成立时聚合公司股民占1 600股，根据原聚合公司章程规定，股民死亡及婚嫁需退80%股份，截至2019年8月31日聚合股为1 434.5股，占80%。二是"普通股"，可量化资产共272.28万元，不明确股值。其中，普通集体股435股，占20%；普通成员股1 740股，占80%。同时，把聚合公司原动态股权制度改为静态管理，每户都会发新的股民证，规避了股份代持的风险，成员能够自主支配自己的股份，子女可以继承，也可以买卖转赠，成员利益得到了最大保障。

三是股份经济合作社发挥职能。2019年11月17日，村股份经济合作社正式成立，集体资产管理更加规范化、严格化、系统化，村民福利待遇进一步得到巩固提高。持有聚合股股民每人每年分红5 000元，成员的医疗保险全部由村里负担，学生考上大学补贴6 000—7 000元，老人退休金每月700元，丧葬费补贴300元，符合大病救助条件的一次性补贴1万元。完善的社会保障体系使成员更加坚信股份经济改制的重要性，为以后各项工作的开展奠定了坚实的基础。

四、深耕"三大领域"，大力发展集体经济

近几年，迎新村在村党组织的带领下，聚焦优势产业，致力发展现代农业，带领成员创收致富，不断深化巩固改革成果。

一是做强特色现代农业。开展小站稻振兴计划，种植"迎新富硒小站稻"，持续提高农产品科技含量。大力发展特色效益、生态循环、休闲观光农业，与中国农业科学院中环易达设施园艺科技有限公司共同研究打造小站迎新合作社现代农业综合体项目，建设农村新型集体经济创新发展示范园。建立了

全国新型农民培训示范基地，培养一批有思想、会思考、能干事的实用人才。

二是深化传统产业优化升级。以迎新钢材市场、木材市场、水果批发市场、集贸市场、早市场、商贸一路二路为基础，持续发展商贸业。并在企业改制的基础上，优化资产实施重组，实现农民持续增收。

三是做大文旅产业。在绿色生态屏障建设的重大机遇期，迎新村不等不靠，打造稻耕文化特色之品牌，加快温泉民宿村规划与还迁区概念设计，举办草莓采摘节暨民俗灯展、樱桃节、蔬菜采摘等休闲农业活动。在合作社成立迎新村妇女创业基地，制作的特色面食广受好评。在落实治理群租房工作的同时，大力拆除危房、漏房，消除了安全隐患，为集体经济发展提供了空间。

迎新村在农村集体产权制度改革上所做的一切努力，都是为了壮大集体经济，让成员获得幸福感。迎新村这条以商业基础为依托，以现代休闲观光农业为看点的经济发展道路，在农村集体产权制度改革成果的作用下，定能走出新型农村集体经济发展的"迎新模式"、乡村振兴的"迎新模式"。

河北省承德市滦平县张百湾镇周台子村：
做引领山区农村发展的一面旗帜

周台子村地处燕山深处、古长城脚下，坐落在 112 线公路和滦河北侧，面积 11.9 平方公里。全村 7 个居民组，共 700 户、2 300 人。20 世纪 80 年代，周台子村是一个远近闻名的"一穷、二乱、人心散"的后进村，集体欠外债 8 万元，人均收入不足 400 元。近年来，周台子村通过回收矿点、企业改制、建设新村、土地集体经营，发展成为产业发展多元化、村庄建设城镇化、村民福利制度化、集中养老一体化、年终分红均等化、生态建设常态化的文明富裕新农村，先后被评为"全国先进基层党组织""全国文明村镇""河北省十大名村"等多项国家、省级荣誉，被原农业部和原国家旅游局确定为"全国休闲农业与乡村旅游示范点"，被原中央党校誉为"贫困山区社会主义新农村建设的典范"。

一、改革做法

为促进集体经济快速健康和谐发展，使发展成果最大限度地惠及集体经济组织成员，周台子村在广泛征求各方面意见的基础上，2014 年 10 月对村集体经济收益分配方式进行了细化改革。2019 年按照县委、县政府《农村集体经济组织产权制度改革试点工作实施方案》要求，成立周台子股份经济合作社，对村集体所有的经营性资产进行全面经营及管理。周台子村产权制度改革共分为以下 3 个阶段。

（一）宣传发动、制定方案

充分运用宣传栏、宣传标语条幅等进行宣传，使农村集体产权制度改革政策家喻户晓。组织召开由村"两委"干部、党员、村民代表参加的宣传动员、培训会议，传达学习产权制度改革的目的、意义、内容、方法和步骤等，并围绕清产核资、股权配置、成员确认、分配比例等进行深入讨论。在充分听取村民意见的基础上，以保障村集体经济组织成员合法权益为核心，按照"公正、公平、公开"和"尊重历史、兼顾现实"原则，编制改革实施方案，经村民代表大会审议通过，张榜公布后组织实施。

（二）依法合规、稳步实施

主要包括清产核资、界定成员、配置股权3个重点环节。

1. 清产核资。周台子村集体资产可划分为三大类，一是资源性资产，以现有尚未征用的土地、山场、林地为主；二是公益性资产，包括桥梁、道路、学校、村部、地下管网、电力配套等公共和公益设施；三是经营性资产，包括货币现金、应收账款及能够产生经济效益的固定投入等。通过清产核资，共清查资产总额59 643万元，其中经营性资产43 612万元；核实集体土地总面积17 448.75亩。

2. 界定成员。为确保成员身份确认工作严格落实到位，成立周台子村集体经济组织成员资格认定小组，下设管理办公室，对成员资格进行统计、审查、确认、登记。资格认定截至2019年3月18日24时，19日将成员资格认定结果公示，公示期间，由全体村民对资格认定结果监督核实。最终确定成员2 244人。

3. 配置股权。召开党员、村民代表大会，讨论通过《周台子村关于完善集体经济收益分配方式的实施意见》。按照《实施意见》中的"权属不变、固定回报、允许继承"的原则，对集体经济收益进行分配。每个成年人（18周岁及以上）为1股，未成年人（18周岁以下）为0.5股，未成年人在成年后，股权自动升为1股，每股金额为2万元整。截至2019年9月25日，共有1 720.25股。成员每年可根据权属获得10%的固定回报，每股2 000元。

成员因病因事，经向集体经济组织报告申请、研究同意后可退出股权，股权本金全部或部分取出后依然保留成员资格，但不再享受年底固定分红及其他一些相关的福利待遇。

（三）成立机构，注册登记

成员代表由村民小组各自投票选举产生，最终共选出成员代表 57 人。2019 年 9 月 25 日，周台子村召开第一次成员代表大会，选举产生董事会、监事会。2019 年 10 月 31 日，滦平县张百湾镇周台子村股份经济合作社登记注册。

二、产业发展

完成改革后，周台子村股份经济合作社通过整合优势资源，致力于发展方式转型升级，积极发展多种产业，促进集体经济健康快速发展，实现稳步增收。一是建设培训基地。通过积极争取，2014 年 6 月 19 日，中组部、原农业部农村实用人才培训基地在周台子村举行了揭牌仪式，正式落户。培训基地的建设与运营，解决了近百名村民就业问题，也带动了第三产业的发展。这是周台子村迈出产业结构调整的关键一步，更是发挥实力、展示形象、

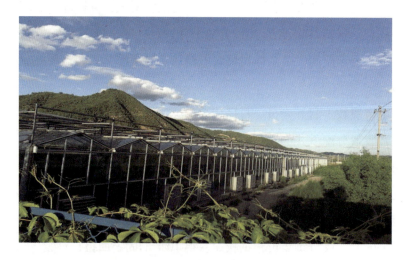

周台子村股份经济合作社建设高科技花卉大棚发展产业

提升素质、促进交流和发展的重要平台。截至目前，该基地共举办各类培训300多期，累计培训学员5万多人次。二是建设农业产业园区。2017年，周台子村与中国农业大学、河北农业大学等农业科研院所建立了长期合作关系，先后建起玫瑰花、奶油草莓、羊肚菌等农业产区，建立了高科技花卉大棚和花卉交易批发市场。目前，周台子村"精品矿业、现代农业、休闲旅游、轻工建材、餐饮服务"五业并举的发展新格局初见端倪。

三、收益分配

一是理清收益来源。周台子集体经济收益主要来源于经营性资产。根据创收能力、变现能力及回报率，将经营性资产由高到低划分为4个等类：A类包括现金及应收账款；B类为在外购置的土地；C类包括钢结构厂、农业设施等经营性投入；D类包括培训基地、文化长廊等资产。

二是明确分配方式。按照"公益共有、福利共享、权属回报、公积补充"的原则，结合实际最终确定集体经济收益用于4个方面，即公益性支出、村民福利、权属回报、公积金。其中公益性支出约占集体总支出的43%，由村集体统一管理支配；村民福利约占34%，直接落实给每个符合条件的村民；权属回报约占22%，直接落实给每个符合条件的成员；集体收益支出后的剩余部分作为公积金。

三是出台保障机制。成立领导小组，明确目标，责任到人，责任人对各项应收账款、合同协议必须负责兑现。为确保落实，相关责任人须向村集体缴纳一定数额的岗位风险金，责任落实到位的给予奖励，落实不到位的扣除部分或全部岗位风险金，扣除部分自动纳入村集体收入。目前制定的集体经济收益分配方式及标准以10年为期，10年后根据村集体发展情况决定是否制定新的实施意见。

山西省长治市屯留区麟绛镇西街村：
严把七大关口 踩稳改革步伐

山西省长治市屯留区麟绛镇西街村共 815 户、2 499 人，党员 114 人，下设 5 个党小组和 5 个村民小组；耕地面积 493.37 亩，人均土地仅 0.20 亩。2018 年村集体收入达 380 万元，农民人均收入 1.3 万元。西街村开展农村集体产权制度改革后，积极探索股份合作经营模式，将百姓是否满意作为评判改革成效的重要指标，把选择权交给农民，成功探索出一条农村集体经济发展的新路子。

一、严把组织保障关，做到措施到位"实"

改革推进中，坚持做到"四个到位"。一是组织领导到位。成立了村党支部书记担任组长的农村集体产权制度改革工作组，同时配套成立清产核资工作组、成员身份确认工作组、股份合作制改革工作组，制定出台实施方案、实施细则及实施办法，明确专人负责，形成了有力的组织体系和工作机制。二是政策宣传到位。加大宣传力度，按照工作流程，通过发放"关于开展农村集体产权制度改革工作致农民朋友的一封信"，利用微信平台、宣传漫画、海报、标语等形式，广泛宣讲改革政策，让农民知晓"为什么改、改什么、如何改"，促使农民变被动接受为主动参与。三是制度保障到位。西街村在产权制度改革过程中，注重制度建设，建立了"请示批复制度"，对改革的组织成立、方案实施、成员界定、清产核资、股份量化、股权设置、成立经济合作社、建立现代管理制度等关键环节，每一步都向镇党委政府请示，确保改革方向。在成员界定时，充分尊重民意，先后召开了 7 次村民代表大会，取得了群众满意的效果。四是人员培训到位。注重加强业务培训，组织村支部书记、村会计、村民代表等人员学习农村集体产权制度改革的先进经验和做法，形成改革共识，提高改革认识，有力调动村干部的积极性，群众基础更牢固，沟通机制更顺畅，为改革增添了活力。

二、把好清产核资关，做到集体家底"清"

开展集体资产清产核资是集体产权制度改革的重要基础工作。工作中重点抓住 3 个关键环节：一是保量准。充分利用土地确权成果，由村"三老"人员（老干部、老党员、老长辈）参与，对村集体的耕地、园地、草地、建设用地、交通运输用地等所有资源资产进行精准测量，并分别建立台账，做到"三榜"公示，确保精准无误、群众认账。二是保核准。对账内资金资产、债权债务和村级资源等，都采取以账找物、以物对账、账物相符的办法，做到账目清、资产清、类别清，实现账据、账账、账款、账表、账实"五相符"。同时，对于村集体资产，按照经营类和非经营类进行划分，做到分类登记、分册管理。三是评估准。对村级经营性资源、资产进行价值评估，对清产核资认定结果进行公布，主动接受群众监督。通过"三保证"，做到了村集体资产不漏、不落、不差。

三、把好身份确认关，做到成员确认"准"

本着依法依规、民主公开的原则，在工作中重点做到"三定"，即：依法定条件、民主定成员、酌情定身份。一是依法定条件。西街村在 2010 年12 月召开村民代表大会讨论未来发展规划方案，表决通过了"在征用土地补偿款到账后按政策的 80% 一次性分发完；土地由村集体统一管理、统一调配"的决议。按照尊重历史、照顾现实、程序规范、群众认可的原则要求，党支部又多次组织召开了全村党员大会、村民代表大会，进行了充分讨论，大会一致通过以土地入股商贸楼分红的决议。二是民主定成员。根据现有的村民土地承包关系、村民与集体经济组织的利益关系等因素，统一确定了成员身份的条件，对集体经济组织成员的条件做出了基本限定。由村"两委"进行资格初审，提交成员代表大会讨论通过后张榜公示；对有异议的，由成员代表大会研究决定。三是酌情定身份。对嫁出嫁入、双重身份、"空挂户"等人员，坚持集体讨论研判，依法依规逐一排除确认。坚持以人为本、兼顾公平，尽可能将其确认为集体经济组织成员，保证他们的正常生产生活，避免了多数人侵害少数人切身利益的现象。

四、把好股权确认关，做到量化确权"精"

股权如何设置，关系到每个成员的切身利益。在讨论如何设置股权的时候，设不设置集体股，成为争论的焦点，最后经过民主讨论，决定只设土地股和人口股（根据本村特殊情况，确权股民以享受商贸楼分红村民为基础），为确保股权改革平稳和谐推进，根据村情民意，通过多次测算和公开征求意见后，进行张榜公布，使每个成员都能清清楚楚、明明白白地算清自己的股份。在股权管理上，每股设为1700元，发放股权证，实施静态管理，做到生不增、死不减。本次成员身份确认中，全村共确认持股成员2499人，总股数24990股，每人10股，其中土地股占7股，人口股占3股。确定股权后，于2019年5月12日成立农村股份经济合作社，并制定了合作社章程，对入社持股成员资格、股权设置与管理、成员权利与义务、组织机构、资产经营与管理等方面做出了具体规定，确保了合作社规范运行。

五、把好经济发展关，做到村民实惠"富"

利用地处县城的地理优势，将占地10亩的原村委办公楼拆除，筹资4900余万元，新建了建筑面积2.1万平方米的西街商贸楼，整体租赁给浙江客都商贸集团，年租金额355万元。对废旧的村小学进行了修缮并对外出租，

麟绛镇西街商贸楼（2011 年 1 月投入使用）

每年租金收入 15 万元。2010 年 12 月 30 日，全体党员大会、村民代表大会充分讨论后一致同意，将全村土地交由村集体统一管理，以土地为基础、现有人口为依据、生增死减的形式，全体村民享受商贸楼分红。

全村每年租金收入共 370 万元，320 万元用于村民分红，50 万元用于村集体各项支出。近年，又筹资 230 万元，在物流园区修建一座物业楼，每年租金收入 10 万元。从全体村民每人每年分红 1 000 元，逐步增加到目前的 1 300 元，每年为 60 岁及以上老人缴纳医疗保险，村民务工、经商等其他收入也实现了稳步增长，同时还为村民提供就业岗位 500 余个，全体村民的获得感、幸福感大大提升。

六、把好股权标准关，做到收益分配"公"

制定西街村股份经济合作社 56 条章程，规定年度收益分配方案必须经过成员大会或者成员代表大会表决通过，体现正确处理集体与个人之间的利益关系，体现按股分红、量入为出、保障公平的分配原则。确定收益分配的顺序和标准为：一是按照当年收益的 3% 提取公积公益金，主要用于发展生产，包括转增资本和弥补亏损、公益设施建设和维护；二是根据上年实际开支额提取应付福利费，用于集体福利方面开支；三是提取管理费，用于村"两委"运转支出；四是股份分红，在提取积累后，成员按股进行分红。

七、把好成果运用关，做到村民获得感"显"

农村集体产权制度改革的顺利完成，使西街村得到了实实在在的社会效益和经济效益。一是摸清了集体家底。通过实施集体产权制度改革，对村里资金、资产、资源进行了全面核实，同时通过成员资格界定，明确了集体经济组织成员的人数，固化了享有集体经济利益分配的人口，集体资产一次性配置给农村集体经济组织成员，实行"固化股权、合理流动"，化解了农村经济发展与分配的矛盾。二是规范了集体资产运营管理。农村集体产权制度改革后，新成立的经济合作社具有了独立的法人地位，改变了传统的村居管理模式，管理机制得到了进一步优化。在监督机制上，享有股份的村民更加关心经济合作社的管理，积极主动参与监督，确保了集体从收益中提取的福利费，用于集体福利方面开支。三是提取管理费，用于规范运营。在决策机制上，通过建立理事会、监事会和成员代表大会，进一步完善了经营管理决策程序，确保了决策更加科学民主。在分配机制上，个人年终分红与经济合

麟绛佳园西侧西街物流园，解决了失地村民后顾之忧

作社的经营效益直接挂钩，村民参与管理积极性、主动性增强。四是壮大了集体经济。通过建立现代化运营管理模式，初步形成了以商贸服务为龙头产业带动集体发展，以商贸楼、物流园解决失地劳动力就业的集体经济发展模式，进一步提升了经营者的风险意识、责任意识，打破了原有集体经济的封闭性，有利于提升经济效益，确保集体资产的保值增值。

山西省大同市灵丘县红石塄乡下车河村：
立足村情民意 创新股改模式

灵丘县是全国第四批农村集体产权制度改革试点县，红石塄乡下车河村是全县的试点村。

该村位于灵丘县南山有机农业园区东部，东邻北魏觉山寺，西接太白巍山，南连桃花溶洞风景区。全村户籍人口 191 人，占地面积 27 平方公里，耕地 1 213 亩。2013 年，下车河村与金地公司强强联手，共同建设车河有机农业社区，规划总投资 3.8 亿元。车河有机社区建设项目是集乡村振兴、产业扶贫、省转型综改重点项目、农村人居环境改善工程于一体的一个综合性项目。

近年来，下车河村以农村集体产权制度改革为切入点，以"空间变资源、资源变资产、资产变股金、村民变股东"为核心，以"资源全流转、成员全入社、资产全盘活、收益全保障"为路径，推进农村一二三产业"互动融合"、生产生活生态"同步协调"、农业文化旅游"三位一体"发展，为全县农村集体产权制度改革作出示范、提供经验。2019 年村集体经济收入共 323.47 万元，其中投资收益 17.22 万元，农民人均纯收入达 1.85 万元。典型做法如下。

一是立足"清"，全面开展清产核资。按照县、乡政府的安排，下车河村"两委"干部高度重视，成立了产权制度改革工作小组，多次召开会议，研究集体产权制度改革工作，广泛征求意见，制定了下车河村农村集体资产清产核资等实施方案，通过发放资料、入户等方式宣传改革的重要意义，把政策讲给群众，让他们参与和监督改革全过程。2017 年，全面开展清产核资，全村共清查核实集体资产 772.56 万元，比原账面资产 745.24 万元增加了 27.32 万元，其中经营性资产 46 万元；核实农村集体土地资源 30 180.04 亩，其中，农用地 9 666.35 亩，建设用地 133.99 亩，未利用地 20 379.7 亩。2018 年清查核实资产共计 1 772.56 万元。通过清产核资，将集体资产按照经营性、非经营性和资源性分类登记，实行台账管理，奠定整个农村集体产权制度改革的坚实基础。

二是聚集"准"，全面推进成员界定。成员界定工作直接关系到农民的切身利益，在实施过程中做到程序规范，坚持"三统一、一确认"（统一安排部署，统一实名登记，统一张榜公示，召开村民代表大会确认），摸底时参考公安户籍信息，遵循"尊重历史、兼顾现实、程序规范、群众认可"的原则，根据村民对村集体资产积累的贡献和在村生产生活情况，将其具体化为承包地、宅基地、户籍 3 个可操作指标，以此确认是否具备成员资格。工作中尽量做到应确尽确不漏一人，避免出现"两头占、两头空"的现象。通过两轮公示，有效地防止了漏报、错报、重报的情况。全村共摸底户籍总人口 83 户 191 人，通过对摸底人员情况的分析，研究制定了适合本村的成员资格认定办法，并经村民代表大会表决通过，工作组据此办法确定成员共 76 户 173 人。

三是突出"细"，全面实施折股量化。设置股权类型时，将外出考察学习到的经验，结合本村实际，科学设置了人口股、劳龄股、土地承包股、奖励股、机动股。其中机动股是车河村的一种股权类别创新做法，是预留的可用于动态调整的股份形式。在充分尊重村集体经济组织成员意愿的基础上，全村将以经营性资产为主的集体资产 46 万元量化到集体经济组织成员，设定了 5 个股权类别，折算总股份 3 000 股。

四是围绕"选"，成立股份经济合作社。下车河村于 2020 年 4 月 21 日召开了合作社成立大会暨第一届股东大会第一次会议，正式成立了下车河村股份经济合作社。会上通过了合作社章程和选举办法，并选举了理事会和监事会，市县领导参加揭牌仪式。

五是创建"新"，搭建产改信息公开平台。下车河村通过结合手机应用，率先建成农村集体产权制度改革信息公开平台，实现了改革成果及村务管理

下车河村成员代表投票选举股份经济合作社组织机构成员

下车河村股份经济合作社挂牌成立

下车河村农村集体产权制度改革工作宣传展板

的智能化与数字化，搭建起了村股份经济合作社和村民之间信息沟通的桥梁。从成员信息摸底阶段就开始利用手机图像识别技术在线收集身份证、户口簿等成员格式化数据，成员可随时随地通过手机扫描二维码，实时提交村股份经济组织所需的各种资料，既方便了成员，又提高了工作效率。成员在改革完成后还可以通过手机实时查询改革成果到户到人信息以及合作社政务、财务、村务公开信息，有效推进了"三资"管理的智能化与数字化工作建设进程。

六是体现"民"，发挥群众监督作用。坚持做到规定动作一个都不能少，凡是需要通过法定程序确定的政策、方案、章程，都充分征求群众意见、体现群众意图、接受群众监督，充分保障农民的知情权、决策权、参与权、监督权。

七是健全"制"，保障产权改革质量。为保障产权制度改革工作顺利进行，下车河村相继制定了《"三资"管理实施方案》《固定资产管理制度》《资源性资产管理制度》《资产评估办法》《资产核销准则》《理事会、监事会选举办法》等一系列的规章制度，为农村集体经济组织的建立发展打好基础。

内蒙古自治区鄂尔多斯市鄂托克旗苏里格嘎查：

踏上改革新路子 开启牧民新日子

苏里格嘎查隶属于内蒙古自治区鄂尔多斯市鄂托克旗苏米图苏木，占地面积 41.08 万亩，共 8 个村民小组、187 户、512 人，其中常住 116 户、322 人，是一个典型的纯牧业嘎查。自 2018 年 9 月起，苏里格嘎查按照鄂托克旗农村牧区集体产权制度改革试点要求，扎实开展集体资产清产核资、集体成员身份确认，稳步推进集体经营性资产股份合作制改革。2019 年 5 月，苏里格嘎查集体产权制度改革试点工作全面完成，苏里格嘎查股份经济合作社正式成立，合作社立足原有集体经济产业基础，转变发展方式，推动集体经济发展步入新阶段。

一、动员群众参与，精心安排部署

嘎查党支部、嘎查委员会在旗农牧部门的指导下，严格按照国家农村集体资产产权制度改革工作要求，制定方案、落实责任，把握方向、坚守底线，真抓实干、推进改革。组织召开嘎查全体牧民大会，讲解农村牧区集体产权制度改革工作重要意义、实施程序、目标任务、政策法规、坚持原则等，通过发放宣传单、微信网络、张贴条幅等方式，大力宣传产权制度改革相关政策，保障农牧民知情权，引导广大农牧民踊跃参与、献策出力，为顺利开展产权制度改革奠定了良好的舆论基础和群众基础。

二、开展清产核资，摸清资产家底

为切实做好集体资产清产核资工作，嘎查召开农牧民代表大会选举产生了由嘎查"两委"班子成员、党员代表、农牧民代表等 9 人组成的苏里格嘎

苏里格嘎查股份经济合作社揭牌仪式

查清产核资工作小组，对嘎查账内账外资产进行盘点核实，摸清嘎查的资产家底，逐项登记并张榜公示，接受群众监督。对盘盈盘亏资产通过农牧民代表大会审核通过后进行公示，并报苏木人民政府批复后实行台账式管理。截至 2020 年底，苏里格嘎查资产总额为 1 679.35 万元，其中固定资产总额 1 448.64 万元，包括经营性资产 1 380.18 万元。

三、规范操作规程，界定成员身份

成立苏里格嘎查成员身份确认工作领导小组，制定成员身份认定实施方案，按照"尊重历史、兼顾现实、程序规范、群众认可"的原则，统筹考虑户籍档案、土地承包关系、人员历史原因等因素，在民主协商、群策众议的基础上开展成员身份界定工作。一方面，从公安部门调取户籍档案，全面了解村民历史居住缘故及人员增减情况；另一方面，发挥群众力量入户登记，千方百计联系外出人员，采集所有村民的基础信息，摸排人员 525 人。对全部摸排人员进行了为期 7 天的第一轮张榜公示，然后通过农牧民代表大会讨论，初步确认具有成员资格人员 478 人，不具备成员资格人员 47 人，并将确认成员名单进行了第二轮张榜公示，公示到期无异议后，对确认为本集体经济组织成员的人员发放集体经济组织成员资格通知书。

四、合理设置股权，成立合作组织

在完成集体资产清产核资及成员身份确认的基础上，着力推进股份制改革和成立集体经济组织。一是开展股权设置和量化。通过反复征求村民代表意见，制定了苏里格嘎查股权设置和量化工作方案，设置了集体股和个人股。集体股占总股份的 20%，资产额为 159.54 万元，主要用于解决遗留问题及公益事业或民生领域问题；个人股占 80%，资产额为 638.16 万元，资产收益用于股东分红。从事农牧业生产的常住户籍人口个人股为每人一股；外出时间长且不从事农牧业生产的户籍人口每人半股；经股东代表会议讨论通过的特殊人员每人一股。同时，按照股权设置的比例，将集体经营性资产量化到集体经济组织成员。二是成立集体经济股份合作社。一方面，根据常住户及户籍登记资料，选出 35 名股东代表，在全嘎查进行了公示，并及时召开股东代表大会，选举产生由 7 人组成的股份经济合作社理事会和 5 人组成的股份经济合作社监事会，同时选出了理事长、副理事长和监事长；另一方面，经股东代表大会反复讨论，制定印发了股份经济合作社章程，按照集体经济组织登记赋码规则，向旗农牧行政主管部门申请备案，领取"集体经济组织登记证"正副本，苏里格嘎查股份经济合作社宣布成立。三是颁发股权证。按照股权配置方案和资产量化结果，在理事会的主持下，向每个股东发放了股权证。

五、盘活资产资源，发展集体经济

2011 年以来，苏里格嘎查在各级政府和社会力量的大力支持下，陆续建设发展了 5 个经济实体，为发展集体经济奠定了良好的基础。产权制度改革后，股份合作社在嘎查党组织的领导下，盘活运营集体资产资源，依托已有

苏里格嘎查股份经济合作社农畜产品交易市场

的 5 个经济实体，着力发展壮大集体经济，2020 年嘎查集体经济收入 53 万元。一是发展肉牛肉羊养殖业。嘎查股份合作社建有养殖基地 1.3 万平方米，饲养棚圈、储草棚、青贮窖、饲草料基地和现代化养殖机械设备等一应俱全，目前安格斯牛存栏 100 头，2020 年创收 40 万元。二是发展肉食品加工业。嘎查股份合作社肉联加工厂占地面积 3 200 平方米，总投资 600 万元，拥有先进的牛羊宰杀、排酸、分割、包装、冷冻、储存生产线，年加工能力 1 000 多吨，2020 年创收 10 万元。三是发展饲草料加工业。嘎查股份合作社饲料加工厂占地面积 2 800 平方米，总投资 260 万元，拥有饲草料加工、粉碎、颗粒成套机械设备 1 套，年可生产饲草料 1.75 万吨，2020 年创收 3 万元。四是开展农畜产品交易。嘎查自行筹资 20 万元，建成占地面积 1.3 万平方米的农畜产品交易市场一处，年交易大小牲畜 2 万多头（只），主要为农牧民进行活畜交易提供无偿服务。五是发展乡村旅游业。为了发展苏里格庙文化旅游业，嘎查投资 210 万元建设了占地面积 5 100 平方米的苏里格宾馆，暂时由本嘎查一位村民免费承包运转，为周边嘎查农牧民提供优惠服务，集体暂时没有实现收入。随着乡村旅游业的发展，该宾馆将成为嘎查集体经济的重要收入来源。

六、强化基础建设，改善牧民生活

　　苏里格股份经济合作社成立后，经股东大会讨论决定，在嘎查集体经济起步发展阶段，集体经济收益暂不进行分红，股份合作社收入统筹用于建设嘎查公益事业和改善农牧户生产生活、基础建设条件。一是提升信息化水平。2017年投资2.7万元，建立无线网基站，实现了无线网络全嘎查覆盖。2021年又投资30万元，架设了覆盖全嘎查的移动网有线网络和生活生产用高清摄像监控网络。二是推进农牧户饮水安全。投资金额6万元，对每户补助500元，为120户农牧民安装了净水器。三是强化农牧业物质技术装备。合作社投资25万元，对每个农牧户补贴4 000元，支持购置农牧业机械设备，全嘎查共购置机械设备136台，基本实现了农牧业生产机械化。四是改善嘎查人居环境。对每户补贴3 800元，为每家每户安装污水处理设备，配备统一垃圾箱，实现了生活垃圾集中处理和无污染环保处理。同时，经合作社股东会议通过，2020年实施"煤改电锅炉"项目，改造提升了农牧户取暖设备。

辽宁省朝阳市喀左县水泉镇水泉村：
深化产权制度改革 巩固产权改革成果

水泉村位于喀左县北部，距县城 25 公里，大凌河和牤牛河交汇处。水泉村交通网络四通八达，距长深高速入口 12 公里，去京津唐可朝发夕归。下辖 14 个村民组，1 139 户、3 993 人。其中，党员 139 名，党支部 1 个，党小组 15 个。2020 年人均收入 1.4 万元。水泉村把提升党支部战斗力、推动乡村振兴作为指导思想，以增强村级集体经济实力、实现农民共同富裕为目标，聚焦"产业融合、主体培育、利益联接"3 个关键环节，积极推行"党支部 + 集体经济组织 + 农户"引领模式，强化支部引领、组织带动、农户参股、合作共赢，巩固和扩大农村产权制度改革成果。

一、加强领导，广泛宣传，营造良好氛围

2018 年开展农村产权制度改革以来，县委、县政府高度重视，大力支持，水泉村充分发挥村党支部的核心引领作用，成立以支部书记为组长的农村产权制度改革工作小组。同时，积极开展业务培训和政策宣传工作，发放宣传单，普及产权制度改革知识，营造产权制度改革人人参与、人人支持的良好氛围。

二、清产核资，摸清家底，夯实改革基础

重点清查核实未承包到户的资源性资产和集体统一经营的经营性资产，以及现金、债权债务、经济合同、其他资产、所有者权益等。按照成立组织、

制定方案、清查核实、公示确认、镇级审核、账务处理、建立台账、纳入平台等 8 个步骤，圆满完成清产核资任务。最终查清村集体资产 515 万元、负债 47 万元、所有者权益 468 万元。村总土地面积 15 888 亩，其中耕地 8 024 亩，园地 1 832 亩，林地 2 169 亩，草地 1 207 亩，工矿企业占地 1 375 亩，交通运输占地 576 亩，水域占地 618 亩，其他占地 87 亩。按所有权属划分，村级土地资源 5 255 亩，组级土地资源 10 633 亩。

三、突破难点，规范程序，确认成员身份

水泉村参照《喀左县人民政府关于印发喀左县农村集体经济组织成员身份确认指导意见的通知》，出台《水泉镇集体经济组织成员身份认定的实施意见》和《水泉村集体经济组织成员认定办法》，在遵循"尊重历史、兼顾现实、程序规范、群众认可"原则下，按照"以法律法规政策为依据、以村规民约为参照、以民主决策兜底"的办法，统筹考虑户籍关系、农村土地承包关系、对集体积累作出的贡献等因素，合理确认集体经济组织成员身份，做到全面、准确、不遗漏。

（一）确定登记基准日。集体经济组织成员（代表）会议讨论确定，2019 年 3 月 11 日确定为成员身份确认登记基准日。

（二）成员资格取得。取得方式分为原始取得、法定取得、申请取得。具备下列情形之一的，取得本集体经济组织成员资格：一是本村集体经济组织的成员，且户口保留在本村所在地的；二是出生时，父母一方以上为本村成员，且为常住户口的；三是合法婚姻或者收养关系，将户口迁入本地的；四是因国家建设或其他政策性原因，移民迁入本地的；五是其他将户口依法迁入本地，能够承担义务和缴纳公共积累，并经村民大会三分之二以上同意的。最终认定村集体经济组织的成员 3 993 名。

四、股权设置，资产量化，建立经济组织

（一）通过集体组织成员大会讨论决定，把股份量化到全体成员，即：一人一股制，并做到增人不增股、减人不减股，全村设置总股数 3 993 股，已纳入农村经济信息化管理服务平台管理，实现了股权管理规范化、信息化、制度化。

（二）将集体经营性资产折股量化到村集体成员，发展多种形式的股份合作，让农民真正成为集体资产的所有者、管理者、受益者。股权的流转只能在集体经济组织成员之间进行。全村共量化资源性资产 1 100 万元。

（三）建立经济组织，发挥效能。一是充分利用、盘活现有集体资源、农民土地经营权等农村资源，成立水泉村股份经济合作联合社。二是资金变股金，把集体和农民自有资金、社会融资、国家投入量化入股到水泉村股份经济联合社，建设了旅游景区——润泽花海旅游度假区。三是农民变股民，农民以土地经营权等入股，享受分红收入，获得工资收入，使农户成为规模经营的直接参与者和受益者。

五、组织带动，合作共赢，促进产业发展

水泉村积极推进农村集体产权制度改革，成立润泽土地股份专业合作社。几年来，水泉村依托润泽土地股份专业合作社，采取闲散资金入股、财政资金入股、扶贫互助资金入股、产业资金入股、农机服务入股、技术入股、劳务入股等多种方式，整合各类资金 1 000 余万元，用于润泽花海景区水、电、路等配套设施建设及扩大景区规模，增加经营项目。通过实施"六个项目区"和新建冷棚项目，切实把休闲农业、乡村旅游、产业发展与巩固脱贫攻坚成果有机结合，实现党群共建、村社共建、互惠共赢的良好局面。

六、成效初显，再创佳绩，壮大集体经济

　　水泉村通过实施集体产权制度改革，切实做到了"资源变资产、资金变股金、农民变股东"的转变，村集体经济不断壮大，后发优势也正在形成。下一步，水泉村将充分利用"三变"改革成果，发挥独特资源优势，整合各方面力量，使广大群众积极参与到产业发展之中，实施多元化经营，力求取得更大的经济效益和社会效益；将紧紧围绕"全景喀左、全域旅游"的发展思路，进一步巩固和扩大农村集体产权制度改革成果，加大润泽花海景区的投资力度，在完善现有设施农业、休闲农业等基础设施基础上，增加休闲农庄、健康养老、休闲民宿、特色养殖、特色农产品展示等项目；将润泽花海景区打造成辽西地区休闲度假、果蔬认养、特色杂粮展示的综合基地，把水泉村股份经济合作联合社打造成壮大村集体经济、增加农民收入的聚宝盆。

吉林省长春市南关区鸿城街道东风村：
落实农民财产权利 护航集体经济发展

东风村始建于 1956 年，由于土地征占时间早，时间跨度大，没有实行两轮土地承包，一直实行集体生产经营模式，原有 11 个生产小队和 1 个畜牧场都已解体，现共有 13 个村民小组。自 2018 年南关区开展农村集体产权制度改革以来，东风村在各级部门的大力支持下，紧盯重要环节，创新工作路径，采取针对性措施，高质量完成了改革任务。

一、依托专业机构，摸清资产家底

东风村聘请中介机构，开展清产核资。一是聘请律师事务所化解权属纷争。通过聘请律师事务所，协调解决鼎源大厦南地块、长春市异型钢管厂、吉发饲料地块、省工商西地块等 4 宗地块的权属争议问题，经过两年的积极推进，争议地块难题均取得新突破，同时律师事务所全程参与改革，对村里制定的相关改革办法提出法律意见，保障办法制定的科学性和严谨性。二是聘请会计师事务所开展资产清查。聘请会计师事务所，重点对村集体所有的资源性资产及固定投资、应收应付账款等资产全面进行清查盘点，登记造册，清产核资结果张榜公示，充分发挥群众监督作用，做到不隐瞒、无遗漏、明权属，对清查出的未登记入账、核算不准、长期借出或未按规定手续租赁转让的，重新予以核实，做到账证相符、账实相符。全村共清理集体资产总数 3.09 亿元，负债 0.006 亿元，所有者权益 3.09 亿元，其中经营性资产 1.66 亿元、非经营性资产 1.43 亿元。

二、开展"七步工作法"，确认成员身份

东风村采取"七步工作法"，即宣传动员、成立组织、制定细则、调查摸底、民主决策、三轮公示、资料备案，开展成员身份确认工作。在《南关区农村集体经济组织成员身份确认指导意见》的基本框架下，由群众民主协商讨论形成《东风村成员身份确认细则》，明确了9种身份取得（即生产队解体时有安置协议、生产队解体后死亡且有安置协议、村内退休、"农转非"的右派、"305人员"、有底垫人员、村办企业老社员、给予一次性补助人员、民主表决通过人员）、4种身份保留（即军人、大中专院校在校学生、服刑人员、符合国家相关政策的其他人员）、6种身份丧失（即宣告死亡、移居国外、空挂户、两头占、纳入国家公务员和事业单位编制人员、其他丧失集体经济组织成员身份人员）。针对村民的不同现状，通过开展"一统计、二票决、三确认"方式，全村共确认成员521人，约占涉农人口的70%，同时编制了成员花名册，一人一档，并将过程材料永久保存，实现"痕迹化"管理。

三、实行"差异化配股"，平衡股权利益

东风村在股权设置时，主要从3个方面入手，着力解决成员公平享有集体资产权利问题。

（一）优先处置"老股金"。1964年12月31日24时之前，参加生产队劳动的人员确认为有底垫。综合考虑年限、物价上涨等因素，东风村按原始价值80倍返还，并进行优先处置。其中，死亡人口按法定程序继承，家庭内部达成一致意见的，需要到村委会办理返还"老股金"认领手续；没有达成一致意见的暂存村委会；无法定继承人员或联系不到的人员，待公示期过后直接收归村集体经济组织所有。通过以上措施，彻底解决老股金问题。

（二）差异化配股。结合村人员结构实际，设置集体股和成员股，集体股设置比例占总股本的20%，成员股设置比例占总股本的80%。集体股主要

用于集体扩大再生产、村管理费用、集体公益事业、处理遗留问题等方面。成员股主要由基本股和农龄股组成。一是基本股。每人配40股，针对有安置协议的自理口粮人员，根据《2010年东风村村民公约》，按照60%比例每人配24股。二是农龄股。按照集体经济组织成员在集体劳动年限计算，劳动年限1—10年每人配8股；11—20年每人配16股；21—30年每人配24股；31—40年每人配32股；41—50年每人配40股；超过50年，按比例适当增加股份。遇有特殊情况，通过民主决策讨论决定。

（三）设置特殊股权。由于东风村土地征占早、生产队解体早等历史原因，形成了两类特殊人员股。一类是"305人员股"。早期东风村隶属于幸福乡人民政府，有一部分农业户口的群体曾为村集体生产做过贡献，由于中途离开，没有签订安置协议，南关区幸福乡人民政府为解决这部分人群的生活保障问题，成立了帮扶中心，为其发放生活补贴。2006年，东风村划归新成立的南关区鸿城街道管辖，从2010年开始，村里延续为其发放生活补贴，每人每月发放305元，随着城市最低生活标准的提高，现在每人每月发放达1 000元。二类是"老社员子女股"。1983年12月31日24时之前，参加各生产小队和村办企业劳动且有安置协议的老社员，有部分人员已去世，但是考虑到他们曾为集体资产的原始累积做出过历史贡献，东风村通过《股权管理办法》，将老社员的股权依法依规继承给他们的子女，让子女们享受父辈的劳动成果。无论是"305人员"还是"老社员子女"，东风村都根据当事人参加集体生产的工作年限，1年1股进行配置，有效解决了特殊人群的股权分配难题。

四、制定"一套流程"，成立经济合作社

在充分征询群众和律师的意见建议下，探索制定实施方案、组织章程、选举办法、选举流程图、公告发布等关于成立股份经济合作社的操作流程，编制了一整套包含18个步骤、31项具体措施的《东风村股份经济合作社成立工作模版》。股份经济合作社成立大会选举期间，正值新冠肺炎疫情防控

东风村举办第一届集体经济组织成员代表和股份经济合作社选举大会

关键节点，东风村创新采用"线上＋线下"的方式进行，线上运用视频、电话和微信群进行宣传发动，线下通过设立主会场和12个分会场进行选举表决。通过"线上＋线下"，既避免了人员聚集，又充分保障了群众的知情权、参与权和选举权，以此确保成员代表会议和股份经济合作社选举大会圆满完成，选举产生了首届理事会、监事会、理事长和监事长，表决通过了农村集体经济组织章程，区农业农村局为东风村颁发了《农村集体经济组织登记证》，赋予农村集体经济组织合法身份。

五、采取"一种模式"，发展集体经济

在城市化进程中，东风村形成了较为庞大的村集体资产，如北辰汽修、金桥花园、好景山庄、鑫隆花园、百屹酒店等多处房产和门市，通过租赁的方式获得集体收益。2019年和2020年经营性收益都是540万元左右，税后收益分红400万元左右。同时经村民代表大会表决，将村级留存的20%土地征收补偿款以福利的方式按比例逐年发放，2019年和2020年村民人均收益高达3万元。

黑龙江省哈尔滨市通河县通河镇城东村：
灵活设置股份 严格确认身份

通河镇城东村是县城内的"城中村"，南邻松花江，省级公路哈肇和鸡讷公路在辖区内通过。目前，全村在册农户405户，在册农业人口918人。其中60岁以上人口112人，占总人口的12.2%；16—60岁人口686人，占总人口的74.7%；16岁以下人口120人，占总人口的13.1%。全村耕地面积1 967.9亩，其中合同内面积（含五荒合同）1 265.1亩、合同外面积702.8亩；建设用地面积320亩。全村账面资产总额1 445.8万元，其中货币资金1 137.8万元，公益性资产（村部等固定资产）113.5万元，债权193.2万元；负债总额10.5万元，其中债务1.7万元。

一、历史沿革

城东村，原村名为"长江部落"，分为南北两屯，1945年后改名城东区。1956年由高级社转为合作社，更名为城东村。当时总人口为720人，劳力310个，牲畜32头（匹），土地面积共3 890亩。1958年人民公社时期，更名为城东生产大队，1961年又分为城东生产大队和城发生产大队，共辖4个生产小队。1983年开始实行第一轮土地承包到户，城东生产大队土地面积3 173亩，人口435人；城发生产大队土地面积2 540亩，人口402人。2002年实行区划调整，城东村民委员会和城发村民委员会再次合并为城东村民会，共有土地面积3 780亩，人口902人。2017年城东村被选定为黑龙江省第二批产权制度改革试点村，2017年3月8日城东村正式启动集体产权制度改革工作。经过一年的推进，城东村已全面完成成员界定、清产核资、股权设置、资产量化、机构成立等工作，于 2018 年 2 月 15 日全部结束。

二、运作机制

（一）顺利完成清产核资，摸清村集体底数

2017 年通河县城东村被确定为省级试点村后，及时制定《城东村 2017 年农村集体产权制度改革试点工作方案》，进行农村集体经济组织产权制度改革试点工作。为保证清产核资工作顺利完成，城东村以屯为单位，邀请老干部、老党员、老村民参与到清产核资工作中，并将农村土地确权工作与清产核资工作有效结合，保证了清产核资资源调查、统计数据的准确性。采取先资金后资产、先账内后账外、先资产后资源、先合同内后合同外的清理方式；坚持账内账外结合，实物盘点同核实账务相结合，以物对账、以账查物，全面清点品种、规格、型号、数量，清查来源、去向和管理情况，全面摸清村集体"三资"底数。

（二）股权差异化设置

在股权设置中，城东村按照资产量化实施办法将量化资产总额的 10% 设为集体股，90% 为个人股，并且根据人员结构将个人股分为人口股、优先股和失地股 3 类。

1. 人口股（成员股）。按确定的成员每人一股进行平均分配。城东村总计 943 人，共 943 个股份，其中城东屯 518 个股，城发屯 425 个股。个人股一律采取"生不增、死不减，进不增、出不减"的静态管理办法。

2. 优先股。由农户原始"入社股金"（继承股）和生产队时期"积累股金"（工分股）组成、经现集体经济组织民主决定而制定的。优先股主要分为两个内容：一是原始入社股金。主要是 1956 年入社时留下的股金，170 元为一份股金，现仍然按照一股 170 元分配给原始股金持有人的子女或孙子女，若是本村集体经济组织成员的，可以直接转化为新型集体经济组织的股份。二是积累股金（工分股）。该股是 1983 年生产队改制时期，以生产小队为单

位，将积累基金按前 15 年社员个人工分折股而形成的。此项股金参照原始入社股金，170 元股值为一个股份，可直接转入新型集体经济组织的个人股中。

3. 失地股（专项股）。主要是针对第二轮土地承包合同内耕地被征收的农民专门设立的股。计算方法按照农户第二轮土地承包合同内的人均耕地计算（承包面积÷承包人口），征收一个人的耕地，折算一份股金；征收耕地不足一人的，按征地面积占该户人均耕地面积的比例计算。征地后合同内剩余耕地面积不足人均耕地面积 50% 时，视为该户全部失地。今后再有征地，仍按此规定进行办理，将已有股资总额与新征地补偿费加总，原股与新股均等计算而得。

（三）分类登记、界定成员

成员界定方面，城东村成立人员界定组，召集组织十几个熟悉村情的老干部、老党员、村民代表组成人口清查工作小组，开展深入细致的逐户逐人调查摸底工作。以尊重历史、照顾现实，坚持有法依法、无法依民、群众认可的原则开展集体经济组织成员身份界定工作。并与镇派出所联系，准确核实村现有户籍人口的情况，以户为单位编制人口调查登记表，采用电话联系、上门走访等多种形式，逐户进行签字确认。对第一轮土地承包后外迁的社员，村里利用户口登记簿等一些原始档案资料进行摸排；对户在人不在的情况，通过安排专人或亲属进行沟通等方式，要求他们在规定时间携带户口簿、身份证等资料，以户为单位到村进行申报登记。人口清查工作结束后，工作组根据每户签字确认资料，对所有的调查对象进行分类，并组织村成员身份界定小组对人口清查情况进行分析筛选，登记造册，张榜公布。目前城东村已全面完成成员确认工作，共确认村集体经济组织成员 943 人。

（四）成立城东股份经济合作社

清产核资、成员界定登记工作完成后，城东村召开成员代表会议，制定了城东股份经济合作社组建方案，召开股东代表会议表决通过了城东股份经济合作社章程，并于 2018 年 2 月 8 日召开城东股份经济合作社第一届股东大会，推选出股东代表 35 人，由股东代表选举出 8 名文化素质高、具有一定群众基础的董事会和监事会人员。

三、主要特点

城东村在农村集体产权制度改革上主要有两大特点。一是根据成员结构灵活设置股份。城东村根据村集体成员的实际情况将集体股份灵活设置为人口股、优先股和失地股3种类型。城东村充分考虑农户历史留下的股金和工分，专门设立优先股，并实行静态管理，成员持股不再随人口的增减而变动。此外，考虑到第二轮土地承包合同内耕地被征收的农民的有效权益和需求，分配其一定比例的失地股，并且对失地股实行动态管理，今后承包地如有被征收，可随时增加人员、充值股值。多样化的股权设置背后反映了对农民集体资产权益的保护和落实。二是根据实际情况严格确认身份。在成员确认方面，城东村根据当地人员结构以及实际居住情况，采取多种办法进行人员确认，尤其对于外出打工等"户在人不在"情况进行了严格的身份核实，出国打工或者嫁到国外的人员都必须进行国籍、户口等身份确认。与此同时，还存在一些村民嫁到国外但未改变国籍、未迁走户口的情况，经过信息核实后同样都将其确认为集体经济组织成员。

四、启 示

一是多层次、多维度的股权设置可提升农民对村集体经济组织的认可度。城东村通过优先股、失地股等股权的多样化设置，使不同类型的农民集体资产得到确认，充分兼顾了历史和现实问题，提升了村集体经济组织的可信度，增强了农村对村集体经济组织的认可度，也促进了村集体产权制度改革的顺利进行。

二是身份的"严格把关"可促进村集体经济的长远发展。城东村根据村民出国打工、生活等现实情况，采取出国核实、远程沟通、访问调查等方式，明确了成员的界限，使成员认定工作得到扎实可靠落实，为村集体经济组织的发展打好基础，也增强村集体经济成员的归属感。

黑龙江省鸡西市密山市柳毛乡利民村：
破解六大问题 确保改有所成

利民村位于密山市东部 37 公里处，辖 5 个村民小组，总人口 980 人，农户 236 户，劳动力 651 人，村集体资源面积 29 715.9 亩。其中，家庭承包面积 7 293.4 亩，开荒耕地 16 349.1 亩，水面、四荒等 6 073.4 亩，没有预留机动地。2017 年初，利民村组织召开村"两委"会议和村民代表大会，认真学习研究中央和省、市产权制度改革有关文件精神，积极申报并获批为首批省级试点村。到 2018 年 2 月末，全面完成改革试点各阶段任务。

一、抓好谋划设计环节，坚持"精准把握改革精神，充分尊重群众意愿"的工作原则，解决方向不明确、标准不统一的问题

利民村成立了强有力的领导班子和工作组，村党支部书记为组长负责全面工作，产权改革工作小组人员按岗定责，分工到人。多次组织村干部和工作小组人员赴方正县、鸡东县考察学习，参加省、市、县级举办的专业培训班，认真学习中央、省、市有关农村产权制度改革的一系列文件精神，把握政策界限。先后分阶段召开了 22 次村"两委"班子会、11 次村民代表大会研究讨论，结合本村实际，借鉴方正县经验，把握"坚持正确改革方向、坚守法律政策底线、尊重农民群众意愿" 3 条原则，坚持"土地公有制性质不改变、耕地红线不突破、农民利益不受损" 3 条底线，制定工作方案，编制程序表格。通过制方案、定标准，实现了思路清晰、方向明确、政策精准、标准统一，

确保程序不走样。

二、抓好宣传动员环节，坚持"深入到户，宣传到人"的工作原则，解决群众不理解、干部不支持的问题

改革之初，有些群众不理解，特别是有开荒地的农户认为改革就是为了多收费；有些村干部不支持，有抵触情绪，怕改革后在村里权力变小，很多公益事业没法开展。为打消这些顾虑，改革小组首先通过加强学习、熟悉政策，在内部形成统一认识。接着从"两委"班子、全体党员，到村民代表，再到全体村民，不断扩大政策宣讲范围。包乡干部和村"两委"班子成员入户解答问题，逐户逐人动员。在村委会室内外悬挂产权制度改革横幅标语，利用发放"致集体经济组织成员的一封信"、村务微信信息平台、有线广播、公示栏等形式进行广泛宣传，做到家喻户晓。通过广泛宣传，全村干部群众普遍认识到改革的必要性和紧迫性，通过改革才能管好、用好村集体资金，保护和赋予农民群众对村集体资产的合法权益。

利民村召开清产核资结果公示会

三、抓好清产核资环节，
坚持"以账找物、以物对账、账物相符"的工作原则，
解决账实不相符、资产不明晰的问题

只有通过清产核资才能准确核清村集体所有资金、资产、资源，为股权设置和折股量化打下坚实的基础。全面依托村清产核资工作小组，制定详细清查方案，明确清查范围，采取以账找物、以物对账相结合的办法，对集体所有资产逐一核对，确保做到账账相符、账物相符、账实相符。清查结果履行民主程序进行"三榜"公示，经过群众认可后予以确认。通过清产核资，全村共清理出账面债权 84.95 万元、债务 18.95 万元、农户欠款 40.79 万元、账外开荒地 16 349.1 亩、荒山 3 995 亩，全部重新登记造册。

四、抓好成员确认环节，
坚持"尊重历史、兼顾现实、程序规范、群众认可"
的工作原则，解决人员难确认、劳龄难认定的问题

集体经济组织成员身份确认环节直接关系到广大群众的切身利益。广泛吸纳村"五老人员"(老党员、老干部、老教师、老军人、老劳模)参加成员和劳龄核实组，确保成员身份确认和劳龄认定的相对客观准确和公正。在详细摸底、多方征求意见的基础上，确立了宜宽不宜严的原则，制定了集体经济组织成员身份确认办法、劳龄认定工作程序和操作细则，经成员代表大会讨论通过后实施。主动联系当地派出所调阅户籍档案，并核对当事人户籍等信息。挨户收集迁入迁出、嫁入嫁出等信息，复印存档备查，通过亲戚朋友联系用微信平台发出信息等方式采集迁出的人员的身份证、户口类别和迁出时间等重要信息。根据土地承包关系、与集体经济组织利益关系和户籍关系等因素进行确认。全村统计人口总数为 1 178 人，其中确认集体经济组织成员 863 人，界定有劳龄的 856 人。

利民村召开股份量化实施方案审议会

五、抓好折股量化环节，
坚持"科学合理设置股权，尊重民意，量化到位"
的工作原则，解决股权设置、折股量化的问题

　　充分征求和听取群众的意见和建议，分析研究各类群体的不同特点和实际问题，拟定《利民村集体经济组织股份量化方案》，着重对方案中量化资产总额的确认、成员的确认以及股权的设置进行细化明确。针对村级基础设施建设任务多、化解村级债务难等实际情况，按方案规定比例设置了集体股，占总额的30%，个人股占70%。个人股又设人口股（50%）、劳龄股（40%）、计生奖励股（5%）、土地股（5%），其中土地股是对计划生育户及第二轮土地承包时应分未分土地等特殊情况予以补偿。在劳龄股设置上，将10年劳龄设为一股，每人最多4.4股。在资产量化上，先确定量化资产数额，再确定参与量化人员数量，参与量化的人员必须是经过审核确认后的本集体经济组织成员。资产量化方式是以价值为主要方式，将集体经营性净资产的价值总额落实到人头，明确每位成员持有的集体资产股份价值。

利民村股份经济合作社召开第一届股东代表大会

六、抓好新型经济组织组建环节，
坚持"民主决议、民主管理机制规范化"的工作原则，
解决合作社和村"两委"的关系问题

为充分体现民主，成员代表大会、理事会和监事会的组建均参照村"两委"换届方式选举产生。组建的股份经济合作社选举出理事5人、监事3人、成员代表45人，提倡理事会成员由村"两委"成员交叉任职，理事长由村党组织书记兼任；监事会与村务监督委员会人员交叉任职，避免产生新的隔阂和矛盾。新成立的股份经济合作社，经过民主程序制定形成了组织章程及各项制度，对组织运转、资产运营等重大事务实行民主决议、规范管理，保障广大群众的知情权、监督权。

下一步，利民村将建立健全集体资产管理规章制度，加大债权回收和债务化解工作力度，提高合作社资金整合力度，利用地缘优势，通过资源竞价发包等形式，发展北药种植和果蔬产业，通过产业化发展增加村集体和农户收入。

理清"一本账" 守好"一方土" 扮靓"新农村"

金汇镇东星村全村共 597 户、2 553 人。2014 年下半年开始，东星村作为先行村，率先开展农村产权制度改革试点。为确保产权制度改革工作顺利开展，东星村严格按照镇统一部署，加强组织领导，紧扣时间节点，积极组织实施，扎实稳妥推进，以高度的责任心做好此项关系到广大群众切身利益的利民惠民工程。2015—2020 年，村经济合作社已连续 6 年实现分红，每个人每年都能拿到属于自己的"红包"。

一、积极稳妥，扎实推进村级产权制度改革

主要是把好 4 个"关"，确保产权制度改革工作顺利开展。

（一）把好"组织领导关"。2015 年 1 月，在广泛听取东星村党员群众意见的基础上，经村"两委"班子讨论研究，拟对东星村集体经济组织产权制度进行改革。随后，成立了以党总支部书记为组长、副书记为副组长、村"两委"班子成员和条线干部为组员的东星村集体经济组织产权制度改革领导小组和工作班子，专门负责此次村级产权制度改革各项工作开展。领导小组对集体经济组织各类资产进行清理核实，做好资产审计工作，并在全面了解村里实际情况、充分听取群众意见、深入研究有关历史遗留问题的基础上，初步制定了改革实施方案及经济合作社章程，为改革的推进实施打下基础。

（二）把好"宣传发动关"。由于产权制度改革对大多数村民来说还是个新生事物，对于什么是股份合作制、为什么要实施股份合作制、怎样实施

股份合作制等了解不多。因此，在改革初期，东星村利用每月 15 日的党员活动日及村民小组长会议、村民代表大会等广泛宣传，使得大家统一思想、形成共识。并广泛听取老党员、老干部、村民代表的意见建议，大力宣传股份合作制改革的内容和做法，提高广大群众对改革的知晓率和支持率，调动了大家参与改革的积极性和主动性。通过宣传，赢得了群众的广泛理解与支持，为改革扫清了思想障碍。

（三）把好"股权量化关"。改制过程中最复杂、最易引起矛盾和争论的就是合作社社员的界定及其股份的计算。为此，制定了合作社章程，明确以村集体经济组织成员及成员农龄为依据，设置农龄股、人口股（基本股、变动股）。考虑到本村村民为村里所作的贡献，有农龄的、无农龄的区别对待，在计算基本股时，有农龄的列入计算基本股的对象每人为 10 股，无农龄的列入计算基本股的对象为每人 5 股。而对于国企职工、机关事业单位列编人员、老居民等不列为股权量化对象，获得了社员们的一致认可。

（四）把好"具体操作关"。工作组对全村符合条件的村民的身份证号码、出生年月、迁入迁出情况、农龄普查数据、工作单位情况等相关信息逐条进行登记、核对、计算、汇总，并对继承股进行了梳理。为了减少差错率，由村民小组长初步把关后，将每一户的股权清单、继承股清单打印后发放到户进行确认并签字，又对反馈的结果重新核对和修改，经过多次确认，确保了股权数据的准确性。对存在异议的地方，工作组反复进行复核，耐心解释，取得理解；对于执行口径的问题，严格按照章程规定，统一执行尺度；对于重大疑难问题，坚持民主集中原则，由社员代表大会讨论决定；对个别继承股存在争议的情况，由人民调解员参与调解，化解矛盾，先后有 4 户人家通过调解达成了共识。

二、合作社成立，村民变股民，喜获红利

东星村的产权制度改革工作经过一年的努力和完善，取得了初步成效。2015 年 9 月 15 日，金汇首家经济合作社——东星经济合作社，正式揭牌成立，

东星村召开经济合作社揭牌暨第二次社员代表大会

全村 597 户、2 553 人满怀欣喜地领取社员股权证，涉及股份数 79 779.1 股。集体资产折股量化后，每一个社员都成了股民，在集体资产中均占有一定的"份额"。2016 年 1 月，东星村实现了合作社成立后的首次分红，分红坚持以下三大原则：

（一）坚持效益决定分配的原则。经过收支结算，2015 年东星村可分配收益总额为 1 848 960.6 元。按照章程规定，当年可分配收益总额的 50% 达50 万元时，根据社员拥有的股份实施红利分配。

（二）坚持发展优先的原则。妥善处理好分配与积累、扩大再生产和发展公益事业、保护社员权益的关系，提取公积公益金总计 711 223.71 元，主要用于扩大再生产和经济发展，确保今后的可持续分配。

（三）坚持民主决策的原则。东星村专门召开社员代表大会，讨论年度收益分配方案，获得社员代表的一致通过，按照每股 12 元进行分红，共计金额为 957 349.2 元，人均分红 374.99 元；2017—2019 年，每份分配 15 元，小计分配 1 196 686.5 元 / 年；2020 年，每份分配 16 元，小计分配 1 276 465.6 元。东星村经济合作社 6 年间累计实现改革收益分配共计 678.12 万元，切切实实让农民享受到了集体资产发展带来的实惠。

三、民主监督，基层社会治理权利运行保障线

东星村经济合作社成立后，监事会作为社员代表大会监督机构，监事会成员全程参与合作社各项重大事项的决策权，对村经济合作社的各个经营管理活动全方位进行监督。主要做法有：

一是理事会配合村委会认真开展资产清理。核实有关数据，对清产核资结果，提交社员大会讨论，进行审核确认，及时在村务公开栏张贴榜公布，且经社会审计通过，并上报镇农经站备案。

二是监事会严格按照章程规定，与理事会口径一致对每个社员应享有的股权股数全面监督，发现问题及时纠错。在公开、公平、公正的原则上，确保了股权数据的准确性。

三是成立后的农村经济合作社，监事会更积极配合理事会工作。为增加股民收入，维护好股民合法权益，重点是资产运营情况，各项财务开支进行监督，着重抓经费开支方面，对金额大的支出，通过村民议事中心决定，对不符合章程规定的费用不允许进入经济合作社内开支，凡涉及集体资产和成员切身利益的重大事项都提交社员代表会议讨论通过，并签名有效。

四是收益分配工作。监事会配合理事会，以坚持发展优先的原则，以坚持效益决定分配的原则，以坚持集体经济组织成员之间实行同股同利的原则，依据本年度各项收入扣除生产经营和管理服务成本及弥补亏损后，按章程规定提取公积公益金后实施分配，最后经社员代表大会通过镇农经站批准，进行分红。

五是归档备案工作。监事会全面负责归档备案，把村改革申请、镇改革批复、村改革实施方案，改革领导小组及工作小组人员名单、村经济合作社理事会、监事会人员名单、村经济合作社章程、成立村经济合作社申请、镇批准成立经济合作社批复、召开村经济合作社相关会议议程、会议纪要及大会决议、申请上海市农村合作社经济组织申请表、村经济合作社证明书、股权汇总表、工作总结、村民股权证发放农户签字表、股权确认书、股权确认

公示材料等一一仔细查看，装订成册，归档备案，并把有关资料上报镇、区归档备案。

四、农村资本进城，城市红利返乡，盘活集体资产

首次分红后，东星村开始思考如何继续将集体资产这块"蛋糕"做大、做优、做强。东星村所在的奉贤区金汇镇，在全镇 18 个村完成产权制度改革后，在村民自愿基础上，将宅基地、承包地、自留地及闲散资金等"农村资本"以债券众筹方式加入到金汇镇金台大厦项目发展中，既盘活了"沉睡"的农村集体资产，又让优质的城市红利返乡，赋予了农村经济增长无限可能，也让农村经济发展获得新机遇。东星村通过债券认筹的份额，以及结合金台大厦现有经营状况，每年可获得固定利率收益和一定的项目分红收益，据统计，该村每年可获得保底收益 120 万元。

耕地、宅基地和集体经营性建设用地这"三块地"是当前农村最主要的资产。农村耕地承担着保障国家粮食安全的重要责任，有着严格的保护制度。东星村剩余可耕地面积 191.1 亩，100.3 亩发包给大农户种植蔬菜，每年增收 12 万元。东星村 13 个村民小组已基本全部动迁，因此只有集体经营性建设用地具有一定的开发潜力。

通过清产核资，摸清存量底数，使集体经济组织成员心中有数。东星村现有经营性固定资产厂房 1.2 万平方米，通过招商引资引入优质企业，增加资产租赁收益，经营性年收入从 2019 年的 180 余万元提升至 2020 年的 250 余万元，实现近 70 万元增收。利用企业周边建设用地的配套服务，如停车场地等，年收入约 22 万元。

未来的乡村振兴，东星村以"三块地"改革为突破口，助力实现乡村繁荣、农民富裕，积极探索壮大村级集体经济和农民增收的有效实现形式，开创国际化大都市背景下的乡村振兴新途径。

江苏省徐州市沛县魏庙镇佟场村：
明晰村组产权 再谋集体发展

佟场村位于徐州市沛县魏庙镇区东 1 公里处，毗邻徐沛快速通道魏庙出口，下辖孙大庄、佟场、共和 3 个自然村，12 个村民小组，共有承包农户 950 户，承包人口 3 215 人，土地确权面积 3 869 亩。该村常住人口 4 229 人，户籍人口 4 258 人；集体资产总额 326.62 万元，其中经营性资产 261.23 万元，非经营性资产 65.39 万元；集体土地总面积 5 219.37 亩，其中农用地 4 295.47 亩，建设用地 923.9 亩。该村自 2017 年 12 月开始农村集体产权制度改革工作，2018 年股份经济合作社成立。

一、主要做法

（一）以组为单位清产核资、明晰权属，真正摸清集体家底。佟场村下辖 12 个村民小组，源于人民公社时期佟场村生产大队下设的 12 个生产队。1981 年佟场村实行大包干时，以 12 个生产队为单位分地，1994 年实行第二轮延包时也是在各村民小组内部调地，佟场村各村民小组资源性资产所有权界限明晰。实际工作中，佟场村清产核资工作小组以会计账簿记录和资产监管系统数据为基础，采取账内账外清查相结合的方法，分别对村集体、各组集体的各类资产资源进行清理核实，分别形成了 12 册组级集体资产清查台账、1 册组级资产清查汇总台账（1—12 组）、1 册村本级集体资产清查台账和 1 册全村资产清查汇总台账（村集体 +12 个村民小组）。这 15 册台账明晰了各组资产及村组资产的权属，切实摸清了全部家底。截至 2017 年 12 月 31

日，佟场村村组集体资产总额 326.62 万元，其中经营性资产 261.23 万元，增加 123.14 万元（主要是农业开发项目形成的翻水站），非经营性资产 65.39 万元，增加 20.14 万元；集体土地总面积 5 219.37 亩，其中组级 5 021.38 亩，村本级 197.99 亩；未承包到户土地面积 232.77 亩，主要是湖田地，其中组级 40.78 亩，村本级 191.99 亩。清查结果及时录入全国农村集体资产清产核资管理系统，健全资产基础台账。

（二）以村为单位细化方案，精准界定集体成员。一是成立村组两级工作组。村级工作组成员共 9 人，由村民代表大会推选，其职责由村民代表大会授权。组级工作组由各组村干部、党员代表、村民代表组成（一般 3—5 人），并实行镇干部分片、村干部分组包干制。二是制定方案。根据沛县制定的成员资格界定指导意见，结合村实际情况对界定的标准进行细化。以户籍为基础，明确 5 种确认为集体成员的情形、4 种不予确认的情形、5 种丧失成员资格的情形以及其他 7 种特殊人员成员资格确认问题，基本能够解决 90% 以上人员的界定问题，另外出现的特殊人员实行民主决议，并报镇审核，全镇界定标准力求做到统一。三是摸底调查。在发布成员身份界定公告后，各组界定工作组开展入户调查，摸清每户家庭的成员情况，对人在户不在、户在人不在等特殊情形进行标注；查阅第二轮土地承包合同，全面掌握土地承包关系；查阅村、组集体分配方案，理清享受村集体经济组织权利人员状况，确保第一手资料齐全、准确、有效。全村共登记 1 046 户、4 269 人。四是决议公示。各组根据成员身份确认办法，对本组摸底登记的人员逐一核对，并与村级工作组讨论拟定成员初步名单，后经村民大会或村民代表会议讨论表决通过和户主签字确认，确定佟场村集体经济组织成员名单。佟场村共有 1 031 户、4 125 人获得成员资格，具体名单在村务公开栏和各个村民小组进行公示，同时利用广播提醒村民查看，确保界定准确。

（三）合理设股、精确统计，全面量化集体资产。清产核资后，村经营性资产 261.23 万元，剔除精准扶贫项目资产 14 万元，可量化的经营性资产 247.23 万元，全部进行折股量化。根据《佟场村集体资产股权量化办法》，村设 30% 集体股、70% 成员股。成员股下设户籍股和劳龄股，凡认定为佟场村集体经济组织成员的，享受户籍股，每人一股；认定为佟场村集体经济组织成员，且 1994 年第二轮土地延包在册人员享受劳龄股，按照其 1956—2004 年从事生产劳动的年限，每满 1 年折算 0.1 股，不满 1 年的按 1 年计算。婚（赘）入人员开具第二轮土地延包在册人员证明后可享受劳龄股。以上股权量化方案及劳龄股计算对照表在村组广泛张贴公布，接受村民评议，力求做到统计精确、计算准确、手续完备、成员认可。佟场村共设置股权 13 825.71 股，每股 178.82 元，其中集体股 4 147.47 股、户籍股 4 125 股、劳龄股 5 553 股。2018 年 8 月，佟场村成立股份经济合作社，以户为单位向成员出具股权证书，作为其占有集体资产股份、参与决策管理、享有收益的有效凭证。股权管理原则上采取"折股到人、固化到户、户内共享、社内流转"和"生不增、死不减，进不增、出不减"的静态管理模式。

（四）土地入股、集体经营，发展壮大集体经济。佟场村是以粮食种植为主导产业的传统农业村，2015 年集体经济收入 11.25 万元。为发展壮大集体经济，佟场村找准切入点，从农村土地上做文章。积极引导农户从向大户流转土地转变为以土地入股村股份经济合作社，农户土地可采取固定分红或保底分红入股，由集体统一经营。目前佟场村采取固定分红模式，无论合作社经营盈利或亏损，入股农户每亩地年固定分红 1 000 元。

合作社实施"龙头企业＋社会化服务组织＋村集体经营＋农户利益共享"项目，依托村内省级农业产业化龙头企业——徐州广勤米业优先公司，开展订单农业，订单售价每斤高于市场价 5 分钱。与中化集团开展农资贷款业务合作、农技培训合作，与万丰农机合作社开展耕、种、防、收全程农机作业合作，合作社仅需明确 1 名理事会成员（村干部）负责土地的日常管理。从而形成了"集体自营＋订单种植＋服务托管"的经营模式。

2019 年，合作社共流转农户土地 510 亩，每亩地年经营利润可稳定在 300 元以上。农民除土地入股固定分红外，还可享受集体收益分红。2019 年佟场村集体收入达 35 万元以上，可分配收益 15 万元以上，根据《沛县魏庙镇佟场村股份经济合作社章程》，可分配收益首先提取 30% 的公积公益金，其余的再按股分红，农户每股分红在 10 元以上。

二、特点及分析

（一）集体资产村组边界清晰，村民小组发挥重要作用。佟场村作为纯农业村，集体资产主要是资源性资产，且由于不同村民小组间的土地界线清晰，佟场村对村级、组级的集体资产分别进行了清查，将集体资产权属细化到组。通过清查，佟场村明确了村本级集体资产包括经营性资产 261.23 万元、非经营性资产 65.39 万元及部分资源性资产 197.99 亩，组级集体资产均为资源性资产共 5 021.38 亩。在各项工作推进过程中，村民小组均发挥了巨大作用，在开展成员身份确认工作时，充分利用村民对自己组内成员的熟悉了解，将情况摸查工作细分到各组，确保第一手资料的齐全、准确、有效。农村集体产权制度改革关系到农民切身利益，以村民小组为单位落实产改各阶段的具体工作，能够发挥村民小组在乡村治理中的天然优势，从而有效化解矛盾，提高工作效率，推动农村集体产权制度改革不断深入。

（二）成立村股份经济合作社发挥集体经济组织功能作用，各组集体资产分别核算并接受村合作社监管。佟场村集体经营性资产仅村一级拥有，各小组只有资源性资产，且佟场村现阶段集体经济发展相对薄弱，村级股份经济合作社能更好地整合、开发全村集体资源，发展集体经济，服务集体成员。因此，佟场村设立了村级股份经济合作社，但并未设立组级股份经济合作社，组级集体资产仍由村民小组代表集体行使所有权。同时《沛县魏庙镇佟场村股份经济合作社章程》规定，合作社会计核算由镇（街道）农经部门代理，设主办会计 1 名，负责向镇（街道）农经部门报账。村内其他集体经济组织财务应接受合作社监管，但资产所有权、使用权、收益权和审批权不变。佟场村各村民小组集体资产仍是分别核算的，村股份经济合作社对组级财务起监管作用。如某组的土地被征收，那么所得的土地补偿款仅在该组内进行分配，村股份经济合作社对其分配进行监管。

江苏省南通市崇川区钟秀街道城东村：

坚持以人为本 扎实推进农村集体产权制度改革

南通市崇川区钟秀街道城东村占地约 1 200 亩，原有 10 个居民小组，户籍人口 831 人。2002 年 7 月在原崇川区钟秀街道城东村集体资产股份合作制改革基础上成立了股份经济合作社，2013 年 7 月撤销城东村建制，仍然保留了城东股份经济合作社这一集体经济组织。2018 年获批全国农村集体产权制度改革整省试点后，城东股份经济合作社对照农业农村部和省市最新改革要求，不断完善内部管理机制，坚持管理规范化、运作市场化、服务人性化，取得明显成效。2020 年，股份经济合作社年经营性收入 1 429.84 万元，集体净资产达 16 621.43 万元，成员每股分红 2 380 元。

一、勇立潮头、迎难而上，积极推进集体资产股份合作制改革

20 世纪末，随着城市化进程的加快，原城东村大量土地被征用，赖以生存的土地变成了几千万元集体物业和货币资产。由于产权关系不明晰，村民很少关心资产经营的过程；村干部"求稳"思想浓厚，资产增值速度缓慢，集体资产收益率偏低，分配矛盾日趋尖锐，村民与村民之间、村民与集体之间争论不断。为此，区委、区政府未雨绸缪，将原城东村列为实施村级集体资产股份合作制改革试点。在推进改革过程中，主抓以下几项工作：

一是清产核资，界定权属。按照农业农村部要求和省、市有关规定，开展集体资产清产核资和产权界定。

二是核实人员，确认成员身份。以农改居底册为标准，按儿童及学生、

务农人员、乡办企业职工和全民大集体性质等人员类别分别登记造册，采取"自报互评"的办法核实农龄，最后将核实结果张榜公布。

三是评估资产，制定方案。资产评估由改制工作组负责，结果由村民代表大会审议通过。资产数额确定后，制定改制方案。改制方案明确改革的指导思想和原则、改革目标和任务、改革形式和组织机构、资产和人员状况、改革政策和测算方案。

四是折股量化，确定股份。制定配股政策，全民大集体性质人员、征地时安置费不在村组人员、征地时已领取安置费人员不配股，父母一方或双方是集体经济组织成员的儿童和学生、乡办企业职工只享有人头股，其他人员享有人头股和农龄股（按农龄长短计算）。

五是公布方案，民主议事。为了稳妥推进改革，确保绝大部分村民满意，在召开村民大会前 10 天公布改制方案，重点公布人员情况、村组资产数、配股政策、每个人的配股数量和当年分红预计数额。在广大村民反复讨论的基础上召开村民大会，通过改制方案。

六是推荐代表，选出班子。以村民小组为选举单位，每个小组选举若干名集体经济组织成员代表。代表产生后，即筹备召开第一次成员代表大会，推荐理事会、监事会候选人，选举产生理事会、监事会，通过《章程》和其他具体办法；最后理事长签发股权证，办理有关手续。

二、与时俱进、精益求精，
不断完善股份经济合作社各项管理机制

改革后的股份经济合作社，按照"自主经营、自负盈亏、自我约束、自我发展"的方针独立经营，全体成员实行利益共享、风险共担的机制。

一是完善分配模式。为切实维护集体经济组织成员利益，不断完善股份经济合作社分配模式，提高分配水平。针对分配人员逐年减少的实际情况，对收益分配采取"每季预付 + 年终分红"的模式。目前，40 年以上农龄成员的预付分红已由改革初的 260 元 / 月调整到 400 元 / 月，充分体现了老有所养的社会保障机制。

二是规范股权适度流转。探索推进集体经济组织成员内部范围内的股权流转，对集体经济组织成员去世后的人头股，可由其家属继承，也可由股份经济合作社回购，回购标准按面值80%计算。

三是切实维护集体成员民主权利。认真对照《股份经济合作社章程》要求，重大事务、重大工程和重大收支决策必须经理事会研究、成员代表大会通过后方可实施。仅第一届理事会任期内就召开理事会13次，成员代表大会5次，此后每年召开理事会4—5次，成员代表大会至少1次。每年合作社向成员代表大会报告工作，组织成员积极参与"濠南路生鲜超市""钟秀综合楼""北阁老年护理院"等项目建设、闲置资产开发利用等重大事项的讨论，把决策权、管理权交给集体经济组织成员。

四是不断规范财务管理。认真抓好民主理财和村务公开，对成员关心的热点、难点问题及时给予答复和处理，每年资产运营情况由街道审计部门审计，审计结果及时提交成员代表大会审议，真正实现了民主决策、民主管理和民主监督。

三、坚持发展、真抓实干，努力提高集体资产经营管理水平

目前，城东股份经济合作社拥有5万平方米集体房屋。为科学规范管理集体资产，实现保值增值，突出抓好3项工作。一是加强资产管理。建立"一宅一档"房屋管理台账，将所有房屋均进行编号并登记造册、编制地形图。目前，95%以上的集体房屋均办理了产权证，为市场化运作资产创造了有利条件。专门成立经济管理办公室，负责管理房租收缴工作，进一步明确租赁双方的权利义务，在租赁合同中增加卫生、计生、安全、综治、环保等条款，规范合同管理。加大房屋维修改造力度，及时更新供电供水等配套设施，营造良好的物业管理环境，妥善化解矛盾纠纷，认真做好服务工作。根据市场行情适时调整房租价格，对店面房先后调价，增加了房租收入。二是推进项目建设。2004年以来，先后投入1 200万元，新建了6 710.3平方米"濠南

城东村股份经济合作社成员领取分红

路生鲜超市"大楼；投入3 300多万元，建成了地上主体13层、地下负二层，合计建筑面积12 698平方米的钟秀综合楼。这两个项目的建成，每年为集体带来收入583万元。三是抓好招商引资。多年来，为提高集体资产经营收益，通过"腾笼换鸟"，先后引进浙商银行股份有限公司、南通锦润酒店有限公司、自在安和北阁护理院管理有限公司、丽景大酒店等知名企业，既盘活了集体房屋资产，又为集体年新增经济效益800万元。

江苏省盐城市大丰区大中街道泰西村：

激发产权改革动能　打牢强村富民基础

盐城市大丰区大中街道泰西村是一个拥有农业人口 3 452 人，耕地面积 1 007 亩的城郊村。2020 年底，实现集体总收入 260 万元，其中集体经营性收入 200 万元；农民人均可支配收入 3 万多元。该村先后获得江苏省文明村、盐城市文明单位、江苏省生态示范村、盐城市生态村、江苏省"三星"级康居乡村等荣誉称号。按照上级关于深入开展农村集体产权制度改革的要求，经过两年多时间，该村已圆满完成改革任务。

一、"地毯式"清产核资，产权归属更明晰

全面开展集体资产清产核资是进行农村集体产权制度改革的基础性工作，是摸清家底、防止资产流失的关键。泰西村清产核资工作坚持"过程透明、结果公开"原则，确保资产明、账目清、家底实。

（一）全面清查，核实家底。按照"精准化、信息化、明晰化"要求，清理核查工作采取"横向到边、纵向到底"的"兜底式"清核路径，对集体所有资产、负债、所有者权益及各类经济合同进行全面清理核实，并引入专业测绘公司对各类资源进行实测，绘制村集体资源示意图。工作中，清查人员借助清产核资工作对村级不良资产采取小金额催收、告知催还和落实相应措施等积极办法，不把"问题包袱"留给改制后的集体经济组织。全村共核实总资产 6 613.16 万元，其中经营性资产 3 363.24 万元，负债 813.92 万元，所有者权益 5 799.24 万元，集体资源 752 亩。

（二）明确产权，界定归属。泰西村在抓好各类资产清查的基础上，将工作重点推广延伸到各类资源权属界定、规范经济合同签订及履约、债权清收上，不断规范合同管理，确保集体资产不流失。

（三）数字赋能，健全管理。通过清产核资摸清家底，泰西村重新梳理、盘活整合各类资产，并录入农村集体"三资"信息平台，充分运用"科技+"手段，一物一图一卡片，强化监管、公开透明；将村到期的标房、厂房、门面房等资产全部进入农村产权交易平台，对外公开招标，全村累计成交52宗，成交额695万元，集体资产得到合理利用，实现稳定增值。

二、"分类法"界定身份，成员识别更精准

泰西村坚持"尊重历史、兼顾现实、程序规范、资格唯一、群众认可、公开透明"的原则确认了成员身份，界定时点为2018年12月31日。

（一）发布公告，调查分类。泰西村发布成员登记公告，明确登记对象、登记基准日、登记时间等，并组织村组干部登门到户，以家庭为单位进行调查摸底，主要核实本村在册农业人口和非在册农业人口的情况，全村共调查1312户、3446人，经汇总分类，共有两大类，分别是法定取得和申请取得。

（二）制定方案，明确标准。泰西村针对不同类型人员，研究制定集体经济组织成员身份确认方案，统筹考虑户籍、农村土地承包关系、对集体积累的贡献、生产生活情况等因素，以户籍所在地和1998年是否获得第二轮土地承包经营权为主要依据，综合人员身份性质、婚姻等各种因素，明确认定细则。对符合"法定取得"情形的，严格按照政策确认，保证一个不落；对符合"申请取得"情形的，在政策允许范围内，通过个人申请、民主评议后方可确认；对"资格丧失"情形严格按照标准执行，严防"多头占""两头空"等问题，确保人员登记和身份确认不重不漏。在实际工作中，采取"宽进"原则，特别是对未享受城镇待遇的小城镇户口人员，因其实际居住地还在本村，并有承包土地，在户口迁移前履行本村村民义务，可确认其拥有成员身份。对与本村没有生产生活联系的空挂户，统一要求回原籍登记。

（三）审核公示，建立档案。作为城郊村，泰西村外来人口较多，村民人员性质错综复杂，为此泰西村建立了"提交问题—开会研判—沟通反馈"的工作机制，界定过程公开透明、接受村民监督。该村成员确认实行"三榜"定案：成员资格认定名单经过初榜公示、再榜公示和终榜公示才能确认。经过对 3 名特殊情形人员进行了研究讨论和实名票决、对 4 名"两头空"人员进行了落空追认、对 8 名"3 头占"人员进行了多占退出，最终泰西村共确认集体经济组织成员 1 312 户、3 446 人，不符合的有 1 户、6 人。同时对成员身份确认的各类台账资料都编制造册，确保有迹可循。

三、"固化式"折股量化，股权管理更规范

农村集体产权制度改革的首要原则是坚持集体所有不动摇，农民权益不受损，不把集体资产改弱、改小、改垮。为切实维护集体经济组织及其成员权利，泰西村在完成成员身份确认工作基础上，有序开展资产折股量化，组建股份经济合作社，不断规范法人治理结构。

（一）设置股权，量化资产。泰西村股份设置与管理实行"量化到人、固化到户"，对农村集体经营性资产，以股份或者份额形式量化到全体成员，坚持"生不增、死不减，进不增、出不减"的原则。最终共折股量化经营性资产总额 3 077 万元，对符合"法定取得"的成员按每人 2 股，共 2 938 人，共有 5 876 股；对符合"申请取得"的成员按每人 1 股，共 473 人，共有 473 股。成员股共有 6 349 股，占总股数 70%。

（二）制定章程，筹备选举。根据法律法规和上级有关文件规定要求，起草制定《泰西村股份经济合作社章程（草案）》，内容主要包括资产产权及股权设置、成员、组织机构、资产经营与管理、财务管理、收益分配等多方面，经过广泛征求村民意见、多次修改完善后，提交村民代表大会讨论审议通过。为确保合作社顺利成立，泰西村专门成立选举委员会，成员分别为：村党组织书记、村委会副主任、总账会计、监委主任、组长等 7 名同志，推选出成员代表 139 人，做好合作社成立前的各项筹备工作。

（三）成立组织，登记法人。在完成筹备工作后，专门召开泰西村股份经济合作社成立大会，大会共有 136 位代表出席，占总代表数的 97.8%，符合法定人数。大会选举产生理事会、理事长及监事会和监事长，村书记当选理事长、村监委主任当选监事长。成立的股份经济合作社按照要求申请赋码登记，获得《农村集体经济组织登记证》正副本，取得特别法人地位，并对全体成员发放股份证书 1 312 份。

四、"最大化"激活资源，改革成果更喜人

作为该村集体产权制度改革后组建的新型集体经济组织，泰西村股份经济合作社成为集体经济发展壮大的"聚钱斗"。村党总支部充分利用近郊优势，重点在物业、物流、三产服务等方面放大资产资源优势，让集体成员共享改革发展成果，增强幸福感和获得感。一方面，改革使"经济效益"愈加明显，泰西村利用历年集体积累，大力发展物业经济。先后建设 15 幢标房，

村民领到股份证书

泰西村股份经济合作社成立大会现场

对外竞价租赁经营，每年租金收入达 225 万元；另外门面房出租收入 103 万元。另一方面，改革使"农民获益"愈加充分，近 3 年来，得益于城郊和三产等多重优势，泰西村集体资产经营效益逐年递增。股份经济合作社坚持依章程办事，每年村集体拿出 27.3 万元为本社成员购买医疗保险；补贴本社 70 周岁及以上老年人生活费达 12.4 万元；春节期间分别给予本社 70、80 周岁及以上的老人 400、500 元的慰问金，将改革成果惠及本村百姓，让农民真正成为集体资产的所有者、管理者、受益者。

下一步，泰西村将继续深化农村集体产权制度改革，积极探索"政经分开"改革，积极推进农村集体资产股份权能改革试点，赋予农民对集体资产股份的占有、收益、有偿退出及抵押、担保、继承等权能，让农民从改革中获得更多收益。

江苏省南京市高淳区东坝街道和睦涧村：
深化集体产权制度改革 大力发展新型集体经济

2017 年，高淳区东坝街道和睦涧村被确定为高淳区农村集体资产股份合作制改革 5 个试点村之一。从 2017 年 3 月开始，有序开展清产核资、人口核实、成员身份确认、股权量化等工作。2017 年 10 月 19 日召开股份经济合作社成立大会，选举产生法人机构，组建成立高淳区东坝镇和睦涧村股份经济合作社。2019 年底，根据《江苏省农村集体经济组织登记赋码工作实施方案》（苏农经〔2019〕4 号）文件要求，重新申领了《农村集体经济组织登记证》。通过改革，实现了集体资产变"股权"，村民变"股东"，保障了农民财产权利，村民得到了实实在在的收益。主要做法如下。

一、做实清产核资，明确产权性质

为了彻底摸清农村集体资产家底，村成立了清产核资小组，开展清产核资，全面核实经营性资产、非经营性资产和资源性资产。组织村党员、村民代表对村集体所有资产进行清理登记、分类造册。同时召开村（组）集体经济组织成员大会，审核确认清产核资结果，锁定债权债务，摸清了家底，明确了资产的集体所有性质。经清查村集体净资产总额为 1 905.7 万元，其中村集体经营性净资产 936.39 万元。

二、依法界定成员，坚持公平正义

开展农村集体经济组织成员身份确认工作是推进农村集体产权制度改革的重要基础，是稳定完善农村经营体制的现实需要。和睦涧村在集体经济组织成员身份确认上，依照有关法律法规，按照尊重历史、兼顾现实、程序规范、群众认可等要求，总体上把握一个原则：以户口为条件，但不作为唯一依据。关键看有无社会保障，同时综合考虑土地承包关系、对集体积累的贡献、生产生活情况等各种因素。在界定的具体方法和程序上，按照"依法确定常规成员、集体议定特殊成员、全体表决争议成员"等原则有序推进，着重解决各类特殊人群对参与集体分配和维护财产权利的诉求较为强烈、易引发社会矛盾冲突的情况，最大限度化解矛盾。经多次召开村民大会、反复磋商，最终确认集体经济组织成员 2 848 人，户数 958 户。

三、合理股权量化，保障成员权益

将农村集体资产折股量化到人、落实到户，保障成员对农村集体资产股份的占有权。根据《南京市农村集体产权股份合作制改革试验推进工作方案》（宁委办发〔2015〕55 号）要求，集体资产股份合作社的股权设置分为人口股与集体股，对村集体经营性净资产 936.39 万元全额折股量化，其中集体股占 40%，为 374.56 万元；个人股占 60%，为 561.83 万元；设置个人股权数 2 848 股，每股股本 1 972.7 元，股权管理采用长期不变模式。

四、创新资产运营，增加财产收入

充分发挥市场作用，分类经营好、管理好农村集体资产，增加农民财产性收入，是农村集体资产股份合作制改革的目标。和睦涧村农村集体资产股份合作制改革后，通过明晰产权、确权到户、确股到人、固化权益，安定了民心，有利于城乡统筹，实现农民带股入城；通过完善治理结构，实现了政经分开，防止了集体资产闲置甚至流失；通过推动财政投入形成资产移交集体经济组织、股权量化到成员，拓展了集体经济扩大增量的途径和渠道，解决了涉农项目资金形成的资产无法量化、建成后管理维护主体缺失等问题；通过合作、合股等方式实现了资源的市场化配置，固化了成员经济收益分配权，增加了财产性收入，壮大了集体经济。2020年，村股份经济合作社通过与高淳县淳和水稻专业合作社合作经营，当年实现经营收入836万元，实现盈余219.22万元，年度农户分红156.22万元（低收入农户入股分红3.96万元），户均达3 441元；村集体分红30万元，加上提取的盈余公积33万元，可用于发展集体经济的资金增加63万元；合作社常年用工52人，带动了村民和部分低收入农户就近就业增加收入。村民人均收入32 265元，比2019年增加3 705元，取得了较好的社会、经济效益。

浙江省嘉兴市海宁市海洲街道东长社区：
村级资金"网上走" 晒出集体"明白账"

东长社区位于嘉兴市海宁市城南新区，所辖面积 1.1 平方公里，拥有居民小组 13 个，农户 450 户，总人口 2 008 人。2019 年社区集体经济收入突破 1 000 万元，2020 年达 1 128.34 万元，年末社区集体总资产 1.48 亿元，居民人均可支配收入 48 502 元。东长社区较早完成了股份制改革，自股改以来累计分红 1 755.83 万元，2020 年分红 279.24 万元。社区按照"职责明确、运转高效、安全稳定、管理智能"的原则，在全省率先试点"阳光村务卡"，依托资金网上审批与支付两个系统的有效对接，打通村级资金收付的数据流，实现村级资金"网上走"，切实管好村里"钱袋子"，晒出集体"明白账"，打造了清廉村居典范。

一、创新做法

（一）搭建"非现金"收付体系，实现往来资金"可追溯"。一是升级三资监管系统，实现银行直联转账。升级农村集体三资监管系统，将村集体资金支付网上审批系统嵌入其中，并链接银行支付系统，银行接收到支付审核通过的指令后直接支付资金，实现了资金网上审批与支付的无缝对接。对社区干部工资、土地流转费、股金分红、财政直接补助农户资金等常规性支付业务，建立批量支付数据库，提高支付业务工作效率。二是推行阳光村务卡，取消小额支付备用金。对于需要先付款后开票的零星小额支出，取消备用金制度，推行村务卡结算，即先通过刷阳光村务卡付款，然后在还款期限内凭借发票、明细单据和本人签名的村务卡消费交易凭条等报销凭证办理报销手续。办理村务卡的资金报销业务时,按照村级集体资金支付网上审批流程审批。村务卡仅用于村级公务支出,不能取现。试点以来,东长社区取消了村级资金1 000元以上支出实行银行转账支付的限定,村级支出不论金额大小都通过银行转账支付,使村级资金每一笔往来都可追溯、可查询、可监管。三是设置收款"一码通",实现款项"不经手"。扫描收款二维码,云喇叭即时播报"微信/支付宝收款×元",在商铺购物时常见的支付场景也出现在东长社区的办事服务大厅里。社区利用"丰收一码通",租户缴纳租金、水电费,村级代收款项等都可以直接扫码支付。"丰收一码通"收款能适应微信、支付宝、丰收互联、云闪付、银联等多种收款方式。收款码绑定村级股份经济合作社基本账户,款项实时入账。非现金收款工作,避免了现金的清点和保管,节省了跑银行缴款的时间,有效杜绝坐收坐支、现金挪用、截留现象的发生,提高集体资金的使用效率,保障农村集体资金的安全。

海宁市村级资金审批系统

（二）打造"无纸化"审批流程，实现财务审批"分级管"。一是支付申请资料"留痕迹"。依托农村集体三资监管系统网上审批功能，由出纳将资金支付相关的发票、合同等原始凭证扫描进系统，提交支付申请。村集体的资金使用，从出纳递交支付申请开始，就会在系统中留下痕迹。截至目前，东长社区完成网上审批业务共697笔，涉及金额达6 213余万元。二是村（社区）主体责任"有抓手"。在资金支付的审批流程中，落实村（社区）的主体责任。先由代理会计对票据的合规性、完整性、技术性进行审核，审核通过后再进入村监委会审核环节，最终由村财务负责人（社长）审批。提交银行支付前由出纳再次对支付信息进行确认，村财务负责人（社长）审核通过后支付。三是镇（街道）监管责任"不松懈"。在支付审批流程中，依据金额大小增加分层分级审核流程，当支出金额超过5万元时增加街道经管办负责人审核；支出金额超过10万元时由街道经管办负责人审核后再增加街道分管领导复核环节。进一步强化街道农村集体资产管理的监督主体责任。

（三）探索"大数据"管理方式，实现监管"智能化"。一是支付账户"一个口"。日常转账均通过村基本存款账户结算，其他一般账户的资金必须经由村基本存款账户转入，在村基本存款账户中完整反映村级资金流向。二是支出类别"分模块"。设置工资薪酬类、办公招待类、内部往来类、工程项目类等基本支出类别，统一各类原始凭证附件上传要求，与三资监管系统中"三色预警、三级管理"机制有机结合，抓住重点环节有的放矢。三是审批方式"移动化"。在PC端和网页版审批的基础上，积极协调"浙政钉"开放端口，打通手机审批通道，突破内网的限制又确保数据的安全性。审批人员只要登录手机软件"浙政钉"，就能随时随地实现资金支付的审批审核流程"掌上"运行，大大提高了工作效率。

二、取得成效

（一）规范村级财务支出，维护农民合法权益。把村集体资金支出审批纳入系统，让审核审批实时在线、各环节留痕记录、数据影像随时可查。资金支付依托网银，将集体资金使用由原来的事后监管转变为日常实时监管，使各级责任落实到人，实现全方位、全流程监管，避免坐支、冒领等违规违纪行为，让村级资金运行更安全阳光透明，保障农民群众利益。

（二）提高审批支付效率，减轻基层工作负担。采用网上审批＋网上支付模式，同时实现手机移动端审批，可实现实时审批、实时监管，进一步提高农村集体财务管理水平，提升了审批效率，实现了"无纸化""零跑腿"，大幅降低了交易成本。以前东长社区从经办人支付到村级财务小组审批结束需经历层层环节，流程走完大约需要一个月时间，耗时久且易存在廉政风险点，而现在通过网上审批支付，全部审批流程运行完毕最快仅需几分钟，高效且安全。

（三）深化"最多跑一次"改革，提升为农服务水平。设置便民取款点，让居民不用特地跑到社区里取相关小额资金，只需根据到账短信提醒，到最近的取款点取款即可，既减少了跑腿，也避免了等待，真正实现"让数据多跑腿，让群众少跑腿"。为农户、村级财务工作人员等主体提供服务便利及制度保障，推进"群众办事不出村"。

安徽省宣城市宣州区澄江街道花园村：

安徽股改第一村

花园村位于宣城市区澄江街道，辖区面积 2.39 平方公里，辖 6 个村民组，在籍人口 1 153 人。近年来，随着宣城中心城市建设大力推进，花园村集体土地被大面积征收，大部分村民成为上班无岗、就业无技、种地无田的"三无农民"，出现的一系列新情况让该村发展进入瓶颈期。为推动"城中村"转型，2012 年，该村在全省率先实施集体产权制度改革，成为全省"股改第一村"。2020 年，村集体经济收入由 2013 年的 10.5 万元跃增至 1 028.2 万元，增长 96.9 倍；农民人均可支配收入由 5 245 元增至 35 125 元，增长 5.6 倍。该村先后荣获"全国先进基层党组织""全国文明村""全国乡村治理示范村"等荣誉称号。

一、试水股改探新路

面对征迁土地补偿留存在村集体账户上的一笔数目可观的资产，2012 年春节过后，花园村股改工作正式启动。由于没有任何经验可供遵循，花园村"两委"一班人多次赴江浙等地考察学习，寻找破解之策。多次召开党员议事会、村民代表大会和村民组长会议，与村民们交心谈心，打消顾虑、达成共识，开展了以清产核资、成员身份界定、资产量化、股权设置、股权管理、收益分配等为主要内容的股改工作。经核定，1 153 名成员中，其中 970 人既享受农龄股又享受人口股，183 人只享受人口股，总资产折合人民币 1 973.68 万元。2013 年 5 月 28 日，召开了花园村股份经济合作社成立暨第一次全体成员代

花园村股份经济合作社成员领取分红

表大会；2014 年 5 月，村集体兴办的安徽花园实业股份有限公司注册成立。

二、聚焦发展辟新境

确立股权是基础，发展经济是目的。花园村立足村情实际，制定了"三步走"的发展战略，第一步加大固定资产投资，第二步完成集体经营性资产股份合作制改革，第三步探索自主经营实现成员分红。在此过程中，得到了市区领导及相关政策的有力支持。以土地征用为契机，经市政府批准，花园村先后获批建设总面积 20 861 平方米的村社区服务中心暨经济发展用房项目和总面积 3 164 平方米的村失地农民就业服务中心项目，两个项目土建工程总投资约 5 000 万元。截至 2021 年，花园村集体资产市场价值估值约 2.1 亿元。在掌握了市场基本数据的基础上，村里召开了党员议事会、村民代表会，充分讨论今后的发展方向，最终确定了走自主经营的道路，让集体资产的效益得到最大化的发挥，早日实现村民分红。经过前期多次深入的市场调研论证，幸福花园老年公寓、维也纳国际酒店、众轩花园酒店、花园农产品配送中心等实体项目先后投入运营。

三、集体经济出新效

花园村提出"一企一策"的模式经营集体企业，实现集体资产所有权和经营权的彻底分离。一是委托管理模式。幸福花园老年公寓通过市场聘用职业经理人对公寓进行运营管理，获得了较好的成效，2020 年全年营业额达401.9 万元。二是加盟管理模式。2009 年，花园村争取市政府划拨土地 6 亩，自筹资金 4 000 万元，建成村为民服务中心暨经济发展用房项目，与深圳维也纳集团合作，采取公司加盟管理方式，开办维也纳国际酒店花园店，现已成为安徽旗舰店。三是众筹＋合伙人模式。通过先众筹后与合伙人合作的方式启动配套餐饮项目，花园村占股 50%，剩余股份面向社会企业家进行众筹，共同经营众轩花园酒店。2020 年，实现营业收入 1 242.3 万元。四是"互联网＋"模式。2018 年 5 月，花园村启动了第四个集体企业，即农产品配送中心项目，通过整合市内农产品资源向周边的机关、学校、企事业单位的食堂进行一站式的物资配送。同步注册"花园生鲜"品牌，开发"花园生鲜"小程序，在居民小区门口开设生鲜直营店，2020 年实现销售收入 2 209.8 万元。五是"党建＋物业"模式。2021 年，花园村依托党建网格化管理，在全市创新成立物业管理有限公司，对辖区居民小区进行接管。通过党建引领，将社区的基层治理优势融入物业的产品服务中，给居民提供更加满意的服务。

5 个项目共为花园村失地农民提供就业岗位近 200 个，让村民实现了在家门口就业。2018 年 9 月 27 日，花园村首届农民丰收节暨"三变"改革分红大会隆重举行，村集体首次分红 118.4 万元，按照每股 6 元，持全额股的成员可一次性分红 942 元，同时，村集体出资 40 余万元为全体村民购买了新型农村合作医疗保险和城镇居民养老保险。截至 2021 年，花园村已连续 4 年实现分红，分红总额达 461.5 万元。

花园村股份经济合作社挂牌成立

四、科学管理用新招

经过学习总结，花园村采用了"用专业的人干专业的事"的管理模式。虽说企业是村集体的，但是村干部在管理酒店、餐饮、老年公寓等行业没有成熟经验，更重要的是，为了保证廉洁高效，必须推行市场化的科学管理。因此，公司采取委托职业经理人对项目进行管理的模式，通过正向激励措施，充分调动管理者的自主积极性，实现企业利润最大化的同时，将集体资产所有权和经营权进行了彻底的分离。同时，公司董事会保留对项目物资采购等环节的定期审查权，确保将企业成本降到最低。

五、股权激励留人才

2017年10月20日，花园村召开全体成员大会，推出了一项具有里程碑式意义的"股改新政"，即从村集体股中拿出部分股份，对村委会聘请的优秀人才和有突出贡献的管理人才进行配股。对业绩突出、工作满 3 年的，经理事会提议，由股东与代表参与考核并通过的配送人口股；对表现优秀、工作满 10 年的配送农龄股；对特殊人才配送贡献股，让各路英才共同创造和充分享受花园村改革成果。目前，已对符合条件的幸福老年公寓院长等 2 名人才进行了配股。通过薪酬正向激励和事业拴心留人，花园村共聘请了 11 名精英人才，其中大学生村官汤恒云先后放弃事业编和乡镇公务员身份留村任职，一干就是 10 年，现成长为村党总支副书记。

花园村股改工作之所以能取得巨大成功，得益于各级领导的关心帮助，得益于全体村民的鼎力支持，得益于党员代表队伍作坚强后盾，更得益于村"两委"干部尤其是村党总支书记的模范表率作用。在"花园精神"的引领下，村民待遇的进一步提高激发全体村民共同建设更加幸福美好的新花园！

福建省晋江市青阳街道阳光社区：
把握产权改革机遇 走出科学转型之路

青阳街道阳光社区地处福建省晋江老城区繁华商业街区，辖区范围 0.5 平方公里。1984 年为青阳村委会，2004 年改为阳光社区，现户籍人口 2 800 多人，下辖 6 个居民小组。该社区区域内商业繁荣，坐拥楼宇 457 栋、店铺 1 417 间、星级酒店 5 家、商场 4 座。2011 年启动集体产权制度改革，量化集体资产 6 737 万元（不含集体所属全资企业及控股企业资产），确认集体经济组织成员 1 981 人。2018 年社区集体经济收入 2 500 多万元，居民人均可支配收入 4 万多元。

一、问题倒逼而来的四次改革

阳光社区集体产权制度改革之路可以说是"被逼出来的改革"，从集体经济"空壳"到集体经济发展壮大，"分给谁""怎么分"成为影响社区稳定的重要因素。发展出题目，改革交答卷，阳光社区改革大体经历了 4 个阶段。

第一阶段（1980—1992 年），集体经济起步阶段：从"分田"到"统营"的转型。1980—1982 年，青阳村在当时分田到户的大潮下，将全村 385 亩土地全部分配给 432 户村民，当时村集体经济收入几乎为零。1986 年，青阳村在工商部门注册成立"青阳工贸总公司"，探索农村集体经济发展的企业运作模式。随着集体经济的发展，村党支部认识到集体经济发展的可持续动力是土地资源要素配置的集约化、规模化和要素使用的多元化、高效化，经反复酝酿，在村民自愿原则下将 385 亩土地流转给集体统一经营。

第二阶段（1992—2004 年），集体经济发展提速阶段：从"村庄"到"联社"的转型。如何让集体的土地资源发挥最大效益，1992 年，青阳村设立"青阳经联社"，将集体统一经营的土地用于两个方面，一是补齐基础设施短板，开通阳光路，完善水电路"三通"设施，为产业支撑创造良好环境。二是壮大集体经济，以租赁方式将 20 余亩土地以每亩 1 万元租给企业，到期后厂房等固定资产无偿收归集体；以股份合作方式将土地以每亩 50 万元价格入股爱乐酒店、阳光百货等 3 个物业；以自主经营方式通过开发建设拥有集体物业出租面积 4 万平方米。至此，青阳村走出了一条经联社掌握集体资源的"房东经济"发展之路。

第三阶段（2004—2008 年），集体收益分配模式探索阶段：从"模糊"到"清晰"的转型。"蛋糕"做大了，问题随之而来，阳光社区集体经济形成时间较早，又通过多年发展形成大量集体积累，集体经济如何规范化运作，集体经济收入如何分配，成为迫切需要解决的问题。同时，社区地处繁华街区，人口不断膨胀，外来落户人口逐年增加，人口构成呈现复杂化，户籍人口（近 2 800 人）与原有自留地人口（近 1 900 人）概念已难以整齐划一，仍采取以当年度户籍人口数进行分红的原始模式显失科学。综合考虑多方面因素，社区于 2008 年制定集体资产分配方案改革，核心在于村民资格认定，最终制定村民资格"14 确 15 不确"方案，具有村民资格的每人享有 1 股，据此按股分红。

第四阶段（2011 年至今），集体产权制度改革新阶段：从"粗放"到"科学"的转型之路。为走出一条企业化运作资本、经联社运作资源、股份制运作资产、村民拥护支持的发展路子，阳光社区于 2011 年启动新一轮集体产权制度改革。

第一步，确认成员身份。社区将 2011 年 12 月 31 日定为成员身份确认基准日，最终确认成员 1 981 人。一般人员确认采取"户代表表决"，经民主协商达成共识的"6 确 12 不确"方案由 80% 以上户代表表决通过。成员身份类型大致有 5 种：原属于村集体经济组织成员，现享有集体收益分配资格、户籍在本社区的人员；户籍原在本村，因升学等户籍迁出在读的大学生、大中专学生及现役义务兵；享有集体分配资格的男性依法娶入且户籍在本村的妻子；户籍在本村的纯女户所招婿；符合计划生育所生或依法收养的子女。不能认定的成员的类型大致有 4 种：寄户人员；国家公职人员及离退休人员；户籍不在本社区，且在户籍所在地已取得土地承包经营权或享受集体收益分配的妻子；与其他村民结婚或再婚且户籍仍在本社区的妇女等。部分特殊人员确认采取"户内成员自己决"，对于土地招工人员（20 世纪 80 年代，因国家征用原村集体土地并享受招工安置政策的家庭户），无论户籍是否在本社区，由每户民主推选两名家庭成员，其中一名视为成员，参与本社区集体资产收益分配，另一名参照本村，享有本社区的社会福利待遇，如社保和老人津贴；对于"超生人员"（1996 年以后超生的）从子女中自行民主推选一名家庭成员视为成员享受本社区集体资产收益分配。经审查，36 人符合享受社区福利待遇的资格。

第二步，科学设置股权。设置个人股和集体股，股权实行静态管理。个人股设基本股每人 10 股，1 981 个成员共配置 19 810 股，占总股本数的 70%，集体股 8 485 股，占总股本数的 30%。为落实上级政府对计划生育对象奖励政策的规定，设置奖励股，奖励股不计入本社总股本数，持有人享有与个人股股东同等的分红权利，但不拥有个人股股东的其他权利。根据《阳光社区独生及二女户奖励方案》，对 2011 年 12 月 31 日前独生子女办证的集体经济组织成员户给予奖励 25%，二女结扎户的集体经济组织成员户给予奖励 10%。经审查，148 户符合奖励条件，共配置奖励股 332.5 股。

第三步，制定分配方案。集体成员按照股份比例获得分红权利。集体股享有的分红专项用于转增资本，壮大集体经济实力、弥补亏损和集体文教、卫生等公共服务、公益设施建设及集体福利费用。"奖励股"持有人享受的分红以及本社符合享受社区福利待遇资格的人员所享受的本社福利待遇均从集体股分红中予以支付。

第四步，成立新型集体经济组织。在青阳街道办事处、泉州天衡律师事务所的支持指导下，2017 年 6 月 22 日，《晋江市青阳街道阳光社区股份经济联合社章程》出台，6 月 29 日，社区领到全省首张集体经济组织证明书，至此走上规范化发展道路。

二、改革成效

改制后，阳光社区发生了翻天覆地的变化，改革之树不断结出丰硕果实。具体表现在：社区管理构架更加清晰，社区居委会负责社会事务管理；经联社负责管理集体资产、制定经营方案、投资计划以及利润分配方案；青阳工贸公司企业类型为集体所有制，负责集体资本运作。2018 年，村组两级集体收入 2 513 万元，晋江农商银行主动授信经联社"集股贷"2 亿元额度。股民共享改革发展成果，社区成员参与集体经济事务的广度深度进一步加大，按照股东总数的 3% 配置股东代表，参与集体经济事务决策；2018 年，每个股东分红 8 000 元，其中村级分红 3 500 元，组级分红 4 500 元；社区成员股权抵押贷款可在股权基础上放大 8—10 倍。居民生活质量明显提升，社区成员子女免费上幼儿园，对年满 60 周岁老人给予每月生活津贴 600 元，每年集体投入 300 多万元用于养老金等民生工程、200 多万元用于人居环境整治，居民群众实现安居乐业。

三、几点启示

（一）同股不同权，以差异化体现公平性。少数成员在享有个人股（基本股）同时享有计生奖励股，该股只有分红权，不拥有其他权利；年底从集体股分红中取得收益，不从成员股的分红"池"中分红。这种差异化股权设置和分红方式，使得超生多得、不超生少得的问题迎刃而解，保障特殊人群权益，得到群众广泛支持，确保了当地改革平稳推进，对设置老龄股、贡献股等特殊股的地区均有借鉴意义。

（二）代表来议事，以少数人决策体现多数人意志。从户代表表决成员身份确认资格到股东代表参与集体经济事务决策，处处体现着成员代表"代表"成员集体实现民主管理、民主决策、民主监督，考虑了农村实情，减少了改革的时间成本和集聚成本，提高了改革效率。

（三）集体办企业，以组织多元化实现产权稳定性。社区经联社与投资兴办的青阳公司均为独立法人，产权清晰，有效分割风险，公司负责资本运营，以创造财富为最大目标，年底向经联社上交利润，即使破产对经联社及成员利益冲击也比较有限。

福建省永泰县樟城镇城关村：
聚焦群众利益 推进产权改革

　　城关村地处永泰县城区，属于典型的城中村，辖 22 个生产队，户籍人口 3 225 人。随着城镇化推进，土地被大量征收，村集体资产、债权及资源情况复杂，因婚嫁、户口迁移、宗族关系等因素，村民之间、生产队之间矛盾重重，农村集体产权制度改革工作难度非常大。为全面贯彻落实省、市、县改革工作精神，城关村聚焦群众利益，持续宣传动员，严格规范程序，全面完成了改革任务。目前，城关村共核实集体资产 9 631.9 万元，其中经营性资产 9 298.8 万元，确认成员 2 873 人。

一、强化领导，多维联动发力

　　全县农村集体产权制度改革工作部署会议后，樟城镇党委、政府即组织召开工作动员会，成立领导小组，制定改革实施方案，明确工作任务和责任人。城关村成立了以村党支部书记为组长的工作小组，召开了动员会议。为保障改革顺利开展，县财政落实工作经费 18 万元；县领导多次到城关村督查指导改革工作，听取群众意见，对出现的偏差及时加以督促纠正；组织镇村干部赴闽侯县昙石村学习先进经验与做法，并多次邀请县农业农村局专家进村开展业务培训，让镇、村干部全面掌握改革的政策要求和操作流程，确保按时保质完成改革任务。

城关村股份经济合作社揭牌仪式

二、多措并举，全面宣传发动

为提升村民参与改革的积极性和主动性，城关村多次组织召开生产队长座谈会、户代表会议、村民代表大会、村民大会，组织观看改革宣传片，交流学习《农村集体产权制度改革文件资料汇编》读本，广泛收集群众意见。利用广播、横幅、宣传栏、新媒体等方式进行广泛宣传，村工作宣传小组开展入户动员，进一步让村民领会改革的意义、目的和相关政策，统一思想认识，最大程度争取村民的支持和理解。累计入户发放改革宣传单、《致广大村民的一封信》等材料 3 000 多份，营造人人知晓政策、人人参与改革、人人支持改革的良好社会氛围。

三、依法依规，强化攻坚合力

（一）全面开展清产核资。城关村成立了由村"两委"、村务监督委员会等人员组成的集体资产清产核资工作小组，明确清查范围，全面开展农村集体资产清产核资，重点清查核实资源性资产和集体统一经营的经营性资产及债权债务等，查实存量、价值和使用情况，按经营性资产、资源性资产和

城关村召开户代表会议介绍农村集体产权制度改革工作

非经营性资产分类、登记、造册，做到账证相符和账实相符。在资产清查过程中出现账面价值与实际背离较大的情况，逐项拟定解决方案。如村集体28间店面由于购置时间早，账面原值只有288万，经清产核资工作小组会议研究确定按程序进行重估现值，调高9 000多万元，既核实了集体店面价值，又节约了资产评估费用。对比较复杂的债权债务历史遗留款项，按程序进行核实和处置，对无从考察、债务人死亡违约长期挂账、厂房设备老旧报废等59.34万元债权债务进行核销。集体资产清产核资结果，由村民代表大会投票审议通过并公示，确保农村集体资产不漏、不落、不差。

（二）严谨规范成员身份确认。由于历史形成原因，城关村各生产队对人员身份界定标准均有不同意见。为破解成员确认难题，城关村按照"以法律法规政策为依据、以村规民约为参照、以民主决策兜底"的办法，统筹考虑户籍关系、土地承包关系、对村集体积累贡献等因素，提出"唯一性、宽容性"原则，对50种情形人员进行梳理、分类，讨论形成本村成员资格标准。

一是建立民主议事机构和工作流程。由农户自荐户代表人组成户代表会议，讨论决定涉及成员切身利益的重大事项，由户代表授权村民代表表决定具体事项。以议事机构合法、议事程序合法来保障议事结果合法性。

二是建立改革工作法律顾问制度。聘请专业律师团队对各项改革事务进行层层把关，确保出台的改革举措和各项制度都有法可依、有章可循，消除村民的疑虑。村改革工作小组与律师团队研究讨论成员确认相关问题并公示征求意见，分组召开户代表会议进行审议，最终形成符合本村实际的成员身份确认办法。实行"量化到人、确权到户、户内共享"的静态管理模式，赋予成员个人股份占有、收益、有偿退出、继承等4项权能，并规定了股权流转、继承的条件与程序。

三是建立重大事项议事制度。对成员身份确认标准、股权设置、股权管理模式等重大事项，均通过座谈会、评议会等让群众广泛参与反复讨论后，再提交户代表会议或成员代表会议讨论、投票表决确定，切实维护农民当家作主的权利。

四是建立"三审议三公示"工作流程。采取由村改革工作小组分组入户开展一户一表摸底排查，进行身份初步界定无争议成员2 419人，有争议成员564人；召开村改革工作小组会议，对全村人员逐一审议，对符合条件的予以张榜公布，接受群众监督；对有争议人员进行第二次审议核实，通过审议后再次张榜公布；对群众仍有意见的人员进行第三次审议，将审议通过人员与第一、二次审议通过的人员一起提交户代表授权的村民代表大会表决后进行第三次张榜公布，最终确认成员2 873人，真正做到群众认可。

（三）股份股权量化阶段。农村集体资产股权量化是实现"共同共有"向"持股各有"转变的关键。依法依规、民主决策，公开、公平、公正地抓好农村集体资产股权量化工作。

一是成员股份固化保护。为平稳过渡、有效管理，按照每人10股的折股量化方式，实行成员股份固化以减少纠纷，也使"入赘男""外嫁女"等特殊群体的权益保护及历史遗留问题得到解决，以减少利益冲突，降低管理成本。

二是律师团队全程指导。律师团队指导召开村民代表大会，表决通过《股份合作改革实施方案》《股份经济合作社章程》《股份经济合作社理事会议事规则》《股份经济合作社监事会议事规则》，并选举产生理事会、理事长及监事会、监事长，各环节所有的会议记录、现场与公示图片等相关资料均做到步步留痕，并整理装订成档案。

三是反复核查纠错。依托农村集体"三资"管理系统，将户代表签字确认的股权清册、程序性档案等资料上传至系统中，通过数字化手段，对跨村、跨镇、跨县重复认定成员进行筛选排查，避免"两头占""多头占"，有效保护群众合法权益。

城关村股份经济合作社的成立，标志着村集体经济组织有了合法的"身份证"。经济合作社设立后及时印制了成员股权证书，举办了隆重的揭牌仪式和颁证仪式，分享传播改革新能量，让村民真切感受到改革成果，有效提升村民的幸福感和获得感。

江西省九江市濂溪区十里街道黄土岭村：

"三定三重七步法" 精耕产权改革 "试验田"

　　九江市濂溪区十里街道黄土岭村地处九江市濂溪区与浔阳区交界处，是典型的城郊结合村。全村面积0.8平方公里，辖4个村民小组，村民总户数339户，总人口988人，村"两委"班子成员7人，党员89名。村集体经营性资产主要是宾馆、门面、厂房、场地及房屋出租等，村集体年纯收入超过200万元。

　　2015年10月28日，黄土岭村召开了第一届成员代表大会，表决通过了合作社章程草案，选举产生了4名理事会成员和5名监事会成员，制定了成员代表大会制度、理事会制度、监事会制度、财务管理制度等，各项规章制

黄土岭村召开股份经济合作社成立暨第一届股东代表大会

度都已上墙，股份经济合作社正式挂牌成立。2017 年 11 月 28 日，黄土岭村举行第一届股份经济合作社成员分红大会，756 名成员一次性分享了 113 万元的改革红利，每股分红 1 400 元，这标志着黄土岭村产权制度改革"试验田"喜获丰收。2019 年 8 月 28 日，濂溪区首个农村集体经济组织登记赋码证在十里街道黄土岭村颁发，标志着濂溪区农村集体经济组织首次有了合法统一的"身份证"，获得了应有的市场主体地位。依托农村集体产权制度改革，探索出了资源变股权、资金变股金、村民变股民的"三变"改革模式，不仅增加了农民财产性收入，也让农民分享改革发展硕果，增强了农民的幸福感和获得感。同时，走上了发展壮大村集体经济的新路子，为全面推进农村集体产权制度改革探索了一条有益路径。主要做法是"三定三重七步法"。

一、"三定"抓基础

（一）核定资产。量化资产的第一步，就是要摸清"家底"，并将集体资产进行合理量化。通过全面清查核实，村集体资产分为资源性资产、经营性资产和公益性资产三大类。此次产权制度改革量化的资产为经营性净资产。通过清产核资，核实经营性资产 2 516.49 万元。

（二）确认身份。借鉴外地成功经验，立足本村实际，制定了操作细则，将成员分为"可确认"和"待确认"两种类型，对各种情形进行了逐一分类，并将待确认的少数人员交村民代表大会讨论决定，有效破解了成员身份确认难问题。通过清人分类，共核实集体经济组织成员 964 人，其中全股 822 人，半股 142 人。

（三）确定股权。股权确定公平与否，直接关系到此次改革的成败。为做到公正、公平，经村民代表大会讨论表决通过，村民同意股权设置为单一形式的人口股，不设集体股，人口股股权份额占总股本的 100%。规定在册的本村村民、因征地"农转非"的本社区户口（含自购）居民，以及父母双方均是全股享受对象的独生子女、纯女户等 10 种情形之一的人口为股权全额享受对象；本村村民因征收土地带人、国有大型企业、公务员、事业编等 7

种情形之一的不享有股权。

二、"三重"强保障

（一）重心是"群众说了算"。自启动农村集体经济产权制度改革试点以来，村"两委"班子成员"拧成一股绳，劲往一处使，心向一处想"，始终坚持把"群众说了算"放在重心位置。在改革实施方案制定阶段，充分发扬民主、尊重民意，确保方案的切实合理性。在宣传、讨论实施方案阶段，村工作组大胆请村民"定调子"，针对一些特殊问题，由村民代表讨论决定。在股份经济合作社机构成员确定阶段，大家群策群力，积极想办法、出实招，切实做好各环节工作，保障了改革试点顺利推进。

（二）重头是破除"玻璃门"。村集体经济收入长期放在村集体账上由村干部管理，村民认为这些钱只是一个数字，因此心生疑虑。为了统一村民的思想认识，使集体资产看得见、摸得着、能分享，通过召开村务会、村民小组长座谈会、村民代表会等形式，广泛征求村民意见建议，并利用广播、标语、宣传栏、公开信及政策解答等形式，向村民宣讲农村集体经济产权制度改革的目的、意义和相关政策，取得了村民们的充分理解和支持。

（三）重点是"一把手"工程。作为全市农村集体经济产权制度改革的第一块"试验田"，濂溪区委、区政府高度重视，区委常委会专题研究部署，区农业农村部门牵头抓总，十里街道成立了以党工委书记为组长的工作小组，统筹调度各类事宜。落实了村党总支部书记负总责的主体责任，自始至终将产权制度改革作为头等大事来抓，扎实推进，确保成效。

三、"七步法"定程序

（一）组建班子理思路。在区农业农村部门的指导及十里街道的统筹调度下，该村成立了以村党总支部书记为组长，村"两委"班子成员、村民小组长和老党员为成员的改革工作小组，制定了方案，责任到人，精心组织，精耕细作，理清了改革思路。

（二）深入宣传摸底数。多次组织村班子成员、村民小组长及党员认真学习相关文件精神，组织专人上门上户认真调查，调动广大群众参与的积极性，安排专人对各种收集到的情况进行分类登记、整理，做到底数清、情况明。

（三）制定方案重票决。改革实施方案初稿制定后，召开党员、村民代表、群众座谈会，进行了6次修改讨论，取得绝大多数村民代表认可。最后，方案以无记名投票方式顺利通过，整个过程公开、民主，为下一步开展工作夯实基础。

（四）清产核资亮家底。成立清产核资领导小组，对村资源性资产、经营性资产和公益性资产进行清理，盘点核实，界定权属。此次产权制度改革量化核实后的经营性净资产经村民代表大会讨论通过后在村务公开栏予以张榜公示。

（五）核人确股编清册。村工作组按照基准日之前在册的农业人口为量化主要依据，编制成员摸底表，组织人员到公安、民政、卫健委等部门核实人员情况，并张榜公布核实结果，对公布后反馈的情况，逐一进行再核实、再公布，经过反复核实，确定了成员清册，有效保障村民的合法权益。

黄土岭村股份经济合作社成员领取分红

（六）挂牌成立合作社。按照规定，该村起草了股份合作社章程，制定了"三会制度"、议事规则和财务管理制度，并于2015年10月28日召开了黄土岭村股份经济合作社成立大会，选举产生了股东代表和理事会，通过了股份经济合作社章程，股份经济合作社正式挂牌运行。

（七）规范运营享红利。严格按照财务管理制度，编制财务决算，兼顾国家、合作社和成员的三者关系，搞好收益分配。社员福利、社会事业公益性支出、医疗保险及救助、经营性支出均在收益分配前列支。根据《黄土岭村股份经济合作社章程》规定，该村按照股份经济合作社经营性净收入不超过70%给予成员分红，5年来，累计分红近200万元。

山东省潍坊市经济开发区双杨街道前阙庄村：

推进农村集体产权制度改革有实招获实效

建立符合市场经济要求的农村集体经济运行新机制，是农村集体产权制度改革的重要内容。山东省潍坊市紧紧抓住国家农综区先行先试的机遇，围绕推进城乡要素资源双向流动、激发乡村振兴活力，积极引导前阙庄村开展农村集体产权制度改革，明晰集体资产权属、规范集体资产运营、拓宽集体融资渠道，为乡村振兴注入了新动力。

一、明晰集体资产权属

按照尊重历史、兼顾现实的原则，全面摸清村内各类分散、沉睡的资产，查实存量、价值和使用情况，明确集体资产所有权，为农村集体产权融资奠定基础。

一是摸清集体家底。委托第三方机构参与清产核资，该村共核实确认集体资产总额 5.2 亿元。其中，3 个现代化智能温室大棚等经营性资产，核定面积 16 万平方米、评估价值 2.6 亿元；村级道路、文化大院、服务中心、园林绿化、红色展馆等公益性资产评估价值 1.2 亿元；公交车站、幼儿园、敬老院、医院、食堂等服务性资产评估价值 0.66 亿元。

二是明晰成员权利。成立前阙庄村股份经济合作社，将 869 名村民全部确认为集体成员。按照"集体所有、依法办事、尊重民意、公开公平"的原则，由成员大会讨论决定每位成员的权利。经营性资产收益权按一人一份配置；非经营性资产不量化，由股份经济合作社统一管理和维护。

三是颁发资产权证。潍坊市经管服务中心对智能温室大棚等固定资产颁发了集体所有权证书；对农民以自愿入股形式流转到村股份经济合作社的1 662亩承包地经营权，山东省农村产权交易中心出具权属清晰的"交易鉴证书"，使土地和智能温室大棚产权更明晰、价值更明确，为集体资产抵押贷款、项目合作创造条件。

二、规范集体资产运营

坚持以维护集体权益、服务集体成员、实现共同富裕为宗旨，建立健全农村集体经济运营新机制。

一是完善股份经济合作社内部治理机制。按照地位平等、民主管理、自主经营、自负盈亏、利益共享、风险共担的原则，制定《前阙庄股份经济合作社章程》，建立成员大会、成员代表大会、理事会、监事会等组织机构，依章程选举组织机构成员。制定股份经济合作社议事规则和运营管理制度，明确成员的权利和责任，为股份经济合作社规范运行提供了组织保障。

二是积极与农业经营主体开展合作经营。前阙庄村股份经济合作社领办成立潍坊东篱乡村生态果蔬专业合作社，从村集体租赁土地，建立现代农业园区，发展苗木、林果、蔬菜等现代农业，实现了土地集约化、产业规模化的发展，克服了分散经营的局限性，提高了风险防控能力，为群众利益提供了安全保障。

三是探索以投资入股的方式开展市场化运营。前阙庄村股份经济合作社积极探索集体经济发展路径，以自有资金、智能温室大棚所有权、土地承包经营权、集体建设用地使用权等共计3.9亿元，陆续投资入股山东玉阙神农发展有限公司、山东农主农业科技集团有限公司、山东东篱健康产业有限公司等10家企业，这些企业采取公司化运营管理，股份经济合作社及其成员享有股份分红。

三、拓宽集体融资渠道

围绕强化村集体经济发展的金融支撑，前阙庄村股份经济合作社、山东玉阙神农发展有限公司、东篱果蔬专业合作社等通过银企合作、资本合作、项目合作等方式，拓宽集体融资渠道。

一是银企合作。针对村集体担保能力弱、项目融资成本高的难题，前阙庄村股份经济合作社依托山东玉阙神农有限公司，与山东省农业发展信贷担保公司签订合作协议，对一些辐射面广、带动力强的农业项目，由山东农担提供增信分险的担保服务，利用贷款贴息、担保费补贴等扶持政策，推动银行机构提供信贷支持，有效扩大了贷款规模，共获得各类贷款 2 600 万元。

二是资本合作。按照互惠互利、合作共赢的原则，充分发挥村集体资产的金融功能，前阙庄村股份经济合作社与潍坊经济开发区城投集团、潍坊农创集团等国有投资平台洽谈对接，将山东玉阙神农发展有限公司资产作为资本入股，通过争取乡村振兴债券、农业文旅专项债券，组建乡村振兴产业基金，可实现融资 16 亿元，为产业项目建设提供资金保障。

三是项目合作。前阙庄村股份经济合作社积极争取政策支持，吸引社会资本注入，为潍坊东篱乡村生态果蔬专业合作社争取省级扶持资金 6 000 万元、市区扶持资金 5 600 万元，打造现代农业科技示范园区。与山东农主农业科技集团密切合作，吸引集团投入资金 1 500 万元，创新研发"云上农业"管理平台，打造"农业＋互联网＋游戏＋共享资源"的跨界融合智慧经济模式，通过虚拟游戏与实体农业的有机结合，促进了多重效益有机叠加。目前，"云上农业"约有用户 200 万，按农产品 1 个采摘周期计算，交易额可达 3.6 亿元。2020 年，村集体经济收入达 2 160 万元，人均年收入 4.8 万元，向成员分红312.84 万元。

山东省高密市密水街道西三里村：
实现三大转变 带来四倍增收

西三里村现有农户 1 120 户，总人口 3 552 人。近年来，该村积极实施农村集体产权制度改革，不断推动集体经济组织治理架构和集体资产管理制度创新，促进了集体资产保值增值和集体经济可持续发展，村民财产性收入逐年增加，村集体资产 6 年翻了 4 倍多。截至 2020 年底，集体经营性资产达 8 820 万元，每股股值 8.99 万元。

一、稳妥推进改革，实现从"人人有、人人没份"
到"人人有份、人人有"的转变

2014 年 5 月，该村承担了全市改革试点任务。在认真学习上级精神和外出考察调研的基础上，积极探索、大胆尝试，高质量完成了改革任务，初步实现了农民对集体资产从"人人有、人人没份"到"人人有份、人人有"的转变，创新了集体经济运行机制，促进了社会和谐稳定。

一是坚持民主集中。把握好"集体增实力、村民得实惠"这一根本，从实施改革到全面完成，始终坚持走群众路线，充分尊重群众的知情权和参与权。特别是在抓好清产核资这一基础性工作上，该村成立由村"两委"干部、村务监督委员会成员、群众代表组成的清产核资工作小组，制定清查方案，聘请有资质的评估机构进行评估，摸清经营性资产、资源性资产和公益性资产底数，分类登记造册，健全完善台账，召开村民代表大会进行审核确认。2014 年 8 月，正式核定村集体经营性资产，2020 年底，村集体经营性资产由

2014 年的 2 198 万元井喷式激增到 8 820 万元，并实现了年年有分红。

二是充分尊重实际。在成员身份确认中，村"两委"组织老党员、老干部召开座谈会 20 多次，最终确定以 1980 年和 1988 年两次分地为依据，以有无土地和土地多少来确认成员资格和股份分配，即按照 1980 年以前的老户每人 1 股，1980 年以后至 1988 年迁入人口每人 0.6 股，没有分得土地的外迁户则没有资格参与量化股权。该认证办法得到了广大村民的认可并经村民代表大会表决通过。西三里村 1 120 户 3 552 人中，有 1 050 人被认定为集体经济组织成员。其中，享受基本股的 877 人，农龄股 173 人，股份总额 980.8 股；可量化经营性净资产 2 198.6 万元，每股为 2.25 万元。通过近几年的发展壮大，将新增的经营性资产 6 622 万元再量化，现在每股股值达 8.99 万元。

三是严格规范程序。对改革的每一个环节，都进行认真分析、慎重研究，做到不缺程序、不少步骤，始终做到依法、民主、公开、公平、公正。在清产核资、成员确认和组织成立等各项工作中，对法律法规有明确规定的，严格按照法律法规办事，做到不变通、不走样；法律法规没有明确规定的，反复征求各方意见建议，吃透村情，拿准意见，利用各种方法向着有利改革的方向引导群众。按照上级要求，认真制定符合本村实际情况和特点的《章程》，成立股份经济合作社，选举产生了理事会、监事会，正式建立符合现代企业管理要求的新型农村集体经济组织。

二、加强资产运营，实现"沉睡资产"到"增收活水"的转变

一是清理规范集体账务。在前期清产核资的基础上，对村内往来账目进行全面彻底核实，对闲置土地逐一丈量登记，对各类合同进行审核规范，做到横到边、竖到底，全覆盖、无死角。并专项公示"三清一增"（清理村级合同、清理集体尾欠、清理闲置资产资源，增加集体收入）内容，接受群众监督。

二是规范租赁合同。在顺河路改造期间，始终坚持只租不卖，村集体把沿街 43 套 9 750 平方米营业房，全部用于租赁创收，每年实现收入近 30 万元。

同时，组织对前几年的租赁合同进行逐一审核，重新明确合同条款，明确租赁费调整机制，确保集体收入逐年增加。

三是加强土地经营。发挥高密地区制鞋产业经营优势，在村南设立西三里工业区，吸引12家制鞋业户入驻，并鼓励业户扩大生产规模、壮大民营经济。村集体对土地实行招租年缴，不断增加土地租赁收入，实现了集体和企业的双赢。

三、创新运行机制，实现"传统管理"到"现代治理"的转变

西三里村完成改革后，通过建立健全管理制度，创新了集体经济运行机制，规范了集体资产运营的民主管理、民主监督、民主决策程序，促进了和谐稳定。

一是明晰集体资产产权。通过产权制度改革，摸清集体家底，完整界定人员，明晰集体经济组织成员对集体资产的所有权、收益分配权以及监督管理等民主权力，保持了集体资产的完整性。改革后组建的股份经济合作社，建立了成员代表大会、理事会、监事会的"三会"制度，形成了集体资产所有权、决策权、经营权、监督权"四权"统一协调的经营管理新机制，为扩大基层民主、实施监督制约、防止资产流失奠定了制度基础。

二是壮大集体经济实力。经过产权制度改革，推动"资产变股权"，实现了集体经济发展方式多元化。合作社通过召开各种会议，决定将现有资金投资教育基金会和兄弟村居旧村改造项目，每年实现利息收益近300万元，再加上集体资产租赁收入，2020年实现集体收入522万元。该村湖光金色小区7 668平方米营业房，股民投票表决一致同意租赁型经营，仅此一项年增加集体收入180万元。

三是持续增加农民收入。通过股份合作制改革，西三里村实现村民变股民，真正成为集体资产的主人，通过折股加分红，增加了村民财产性收入；村民和集体的利益得到了紧密结合，调动了村民关心、参与集体经济管理的热情，增强了村集体的向心力和凝聚力。通过召开"两委"会、理事会及股

民代表大会，完善股权分红方案，在留足集体公积金公益金后，6年共分红790万元，仅 2020 年每股就实现分红 1 500 元。

山东省临清市新华路街道林园村：
产权改革解难题 凝心聚力促发展

林园村处于城乡结合部，占地面积 582.54 亩，常住居民 3 333 人，党员 37 名。随着城镇化发展，林园村人员结构越来越复杂，在集体收入分配、村民福利待遇上的问题和矛盾越来越突出。2016 年以来，该村以被列为聊城市首批农村集体产权制度改革先行先试村为契机，聘请专业评估机构开展集体资产清产核资，科学合理确认集体经济组织成员，"一人一股"量化到人，成立村股份经济合作社。通过改革，清理盘活了集体资产，促进了集体经济增收，2020 年，村集体收入 962.92 万元；村民变成员，年人均分红 2 300 元以上，彻底解决了多年来因人口构成复杂引起的福利待遇分配不均衡等问题，"山东新闻联播"对林园村成员分红大会进行了现场报道。

一、主要做法

（一）加强组织领导，广泛宣传动员。在临清市和新华路街道的正确指导下，林园村制定了农村集体产权制度改革实施方案、工作流程，成立了以支部书记任组长、"两委"成员为成员的领导小组，下设政策宣传小组、调查摸底小组和清产核资小组。切实强化政策宣传，在村内粉刷改革标语，向群众发放《致农民朋友的一封信》，通过"开好四个会"广泛宣传动员。首先召开"支部会"让班子成员了解改革重大意义，其次召开"党员会"扩大知晓范围，进而召开"村民代表会""村民全体会议"，让广大村民都能充分理解、认可政策，促进改革工作顺利推进。

（二）坚持精准施策，严格清产核资。林园集体资产体量大、集体经济收入高。为确保清产核资取得实效，由清产核资小组牵头，委托具有专业资质的第三方机构对集体资产进行评估，确保集体所有各类资产清查彻底、核实清楚。通过清产核资，林园村共清理核实集体经营性资产954.48万元，资源性资产127.66亩。特别是明确把年收入600多万元的永久性绿化憩园公墓和年收入500多万元的集体运输公司一并纳入集体资产，实现了集体资产"底清账明"。

（三）充分尊重民意，妥善确认成员。人员结构复杂是林园村的典型特点，也是系列历史遗留问题的根源。林园村充分发挥党支部核心作用，明确了"有法依法、无法依规、无规依民"工作原则，严格"四议两公开"程序，明确了"十三条"和"九不准"，制定了适合本村的成员身份确认办法。其中，根据《土地承包法》等法律法规，以第二轮土地承包关系为基础，明确将现役士兵、在校大学生、服刑人员等列入集体成员界定范围；明确将原非农业户口、空挂户和机关事业单位及国企公职人员、部队军官等不列入界定范围。对于法律法规没有明确规定、村规民约规定不清晰、争议强烈的特殊问题，广泛征求群众意见，集体评议、表决。特别是对一定时期内嫁给非农业户口的"外嫁女""纯女户招婿"及失踪一年以上村民等情况，通过召开党员会、村民代表会、全体村民会，进行公开提问、公开解答、公开评议。先后召开18次党员会议、15次村民代表大会、2次全体村民大会，历时2年最终统一思想。全村共界定成员1 513人、404户。其间，党员干部率先示范，从个人家庭做起，个别对界定意见存疑问的人员实行党员分包工作制，逐一做思想工作、宣传政策，争得群众理解。

（四）规范资产运营，促进集体增收。林园村在完成清产核资、成员确认、股份量化等工作后，于2019年1月22日成立临清市新华路街道林园股份经济合作社。合作社按照"一人一股"设定1 513股，每股经营性资产6 308.51元，民主推选产生成员代表29人。股权实行户内共享、静态管理。改革完成后实行股份合作社与村委会独立运营，村委会除留存管理服务必需的资产资源以外，所有集体资产由股份经济合作社通过市场化方式运营。合作社按章程每年初在财务预算中向村委会拨付12万元用于村务管理服务费用；费用不足时将由理事会提议，成员代表会议通过后再行拨付。2019年合作社在实现成员分红344.5万元的同时，还为群众缴纳农村养老保险、医疗保险，设置了大病救助、大学生入学和参军入伍奖励、发放村民面粉等福利，极大地提高了成员的获得感和幸福感。

二、经验启示

（一）强化组织领导是保障。农村集体产权制度改革政策性强，涉及面广，推进难度大，各级党委政府必须高度重视，强力支持推动改革。临清市建立了市、镇、村三级领导机构，林园村健全了清产核资、人员调查、宣传动员等专项工作小组，为改革工作提供了坚强的组织保障。

（二）干部认识到位是前提。干部尤其是村级干部是推动改革的主体，只有他们能够做到主观愿意、行动自觉，真正成为改革的引导者和推进者，才能顺利推进改革。临清市先后组织了全市农经人员和村居书记、会计培训班，各镇街召开了动员会议，林园村也召开了"两委"干部会议，深入学习改革政策文件，进一步提高思想认识。

（三）群众主动参与是基础。农村集体产权制度改革关系每个村（居）民的切身利益，必须充分引导其主动参与。林园村除通过粉刷固定性宣传标语、向群众发放《一封信》以及"开好四个会"以外，还重点在人员界定环节举办政策解答会、实行党员包户宣传，群众积极发表意见建议，保障了改革过程体现广大群众真实意愿。

（四）严把政策、规范程序是关键。临清市制定了规范的操作程序，统一印制了"工作指导手册""清产核资表格""成员登记表格"等基础资料。林园村在清查核资工作中聘请专业评估机构，清查结果及时公开；在成员确认上充分尊重民意，经过多轮研究表决确定界定办法，特别是村党支部书记将自己不符合条件的两个孩子界定在成员以外，发挥了党员先锋模范作用。

林园村召开集体资产清产核资会议

林园村股份经济合作社成员领取股权证书

林园村召开集体经济组织成员身份界定征求意见会议

（五）集体增收、群众受益是目的。通过改革，全面清理盘活了集体资产，促进了集体增收，增加了群众财产性收入。林园村虽然集体收入达千万元级，但是并没有把资金用在办公楼建设等面子工程上，而是为村内硬化道路、修建健身广场、天然气、水暖管网等公共设施，办理养老、医疗保险等福利事业，实实在在花在了群众心坎上，提高了群众的幸福指数。

山东省济宁市邹城市钢山街道后八里沟村：
产权制度改革激活力 农工贸商并举壮实力

邹城是孔孟桑梓之邦、文化发祥之地、孟子故里。后八里沟村地处老县城东北方向8里地，属于城郊村。有村民512户、1 760人，居民及工商业户5 000多户、1.6万余人。2005年以来，作为全市第一个农村党委，后八里沟村坚持以基层服务型党组织建设为统领，大力发展集体经济，农工商贸一齐上，金融地产组团建，走出了一条勇于创新、敢为人先、争创一流、励精图治的成功之路，先后荣获"全国文明村""中国美丽乡村"和"山东省先进基层党组织""山东省干事创业好班子"等荣誉。

后八里沟村召开集体资产股权量化暨清产核资工作会

一、党建引领，形成党员干部带头、群众一齐参与的发展合力

2005 年，村"两委"班子上任后，了解民情，征求民意，确立了"党建统领、孝德育人、产业惠民"的发展理念。村党委以打造"锻造先锋"党建品牌为内涵，发挥"党委书记当好'领头雁'，党员充当'主力军'"的先锋模范作用，发扬"工作不分早晚、服务不分昼夜"的作风，坚持"大事小事群众知情，大事小事村民做主"，按照小事一天、大事三天期限，及时解决村民诉求。目前，5 名村党委委员中有 4 名外聘大学生，村内形成了以能力论英雄、以实绩为导向的良好选人用人机制。

二、确权赋能，形成人人是主人、年年有分红的改革局面

2017 年，后八里沟村紧紧抓住邹城市承担国家农村集体产权制度改革试点的机遇，率先推进改革，成立村股份经济合作社，确认集体经济组织成员 1 576 人，其中包含原村民 1 441 人，工作年限满两年村企员工 135 人，并将 12 亿元村集体资产全部折股量化到成员，每股价值 30 万元，每年年终成员都会领取分红，真正实现了人人是主人、年年有分红。

（一）开展清产核资。2015 年，后八里沟村开始实行资金、资产、资源、账务、档案、公章管理"六规范"，建立了明白账。2017 年，结合村"两委"换届，聘请第三方机构开展村级审计，重点清理清查集体"三资"。2018 年，按照邹城市关于产权制度改革有关要求，村里成立了清产核资工作领导小组，成员包括党委委员、村委委员、村财务、老党员，依据表决通过的清产核资方案，由村清产核资工作小组对村所有资产进行全面清查核实。重点清核集体统一经营的经营性资产及现金、债权债务等，做到账实相符、账账相符、账证相符。清查结果向村集体经济组织成员公示，认真听取群众意见，保障群众的知情权、参与权、监督权。清查结果得到群众认可、公示无异议后，村集体清产核资小组编写清产核资报告，共清核集体资产总额 12 亿元。

后八里沟村集体经济组织成员资格认定和股权分配标准公示

（二）创设名誉成员。随着集体经济的壮大，后八里沟村先后有200多名外来员工在村里成家立业，并成为集体经济发展的主力军。为吸引人才、留住人才，实现村集体经济持续稳定发展，后八里沟村通过召开成员代表会议反复讨论，研究决定设置"名誉成员"和"贡献股"以激励外聘人员，按照工龄以2年基数为1股，每增加3年递增1股。最后确定135名外来员工享受"贡献股"，增强了"新成员"的集体归属感和获得感。

（三）创新股权设置。为传承中华孝善文化，打造名副其实的"中华孝善模范村"，后八里沟村创设了抚幼培养股、养老股和社会荣誉奖励股，即本村集体经济组织成员享有1股；不满20周岁的成员增加培养股1股，享有2股；对于年满60周岁以上的成员，且在村长期居住，没有医疗、养老、工伤三险或三险以上保险的，增加保健养老股1股，养老股1股，享有3股；凡是为国家做出特殊贡献或者获得省级及以上荣誉，引得社会广泛宣传和学习的成员，在原股基础上增加2股，并终身享受。

（四）拓展股份权能。改革完成后，后八里沟村为每位集体经济组织成员发放了股权证。借助邹城市开展省级农村集体资产股权质押贷款试点的机遇，成员可以利用自己的股权证，在齐鲁产权交易中心办理《集体股权他项证书》后，到市农商银行申请完成股权质押贷款。股权质押贷款的实现，不仅丰富了农户贷款渠道，也进一步拓展了农村集体资产股份权能，真正让成员受益。截至目前，后八里沟村已有 16 名成员利用股权证申请到质押贷款 1 230 万元。

三、强村富民，形成人人为发展、个个比贡献的干事热潮

（一）兴办集体企业，提升经济效益。后八里沟村紧紧抓住新型农村社区建设的有利时机，多方筹集 2 亿元建设完成 15 万平方米的鑫琦社区，村民全部免费搬迁上楼。村股份经济合作社出资成立村集体企业——鑫琦集团，下设房地产开发公司、物业公司、建筑工程公司、商贸公司、文化旅游公司、物流公司、投资公司共 7 个经济实体，陆续投资建设"鑫琦购物广场""鑫琦农贸大市场"等。集体企业优先服务集体成员，本集体成员只要有就业意愿，全部有活干、有事做、工资福利有保障。截至 2020 年底，村股份经济合作社及下属企业固定资产已超过 40 亿元，在岗固定员工 1 000 多人，带动本村成员及周边居民近 3 000 人就业。

（二）投资公益事业，扩大社会效益。在充分保障成员福利的基础上，后八里沟村逐渐承担起社会责任，投资慈善公益事业。2015 年以来，设立山东省首家精准扶贫救助基金，举办了"孝行齐鲁·大爱山东"文艺汇演活动，建设了孝善文化广场和党史村史教育展览馆，教育市民不忘历史、奋发前进。每年重阳邀请辖区老人大联欢，定期走访慰问其他乡镇贫困家庭、退役士兵和军烈属，先后组织开展了"鑫琦助学"、关心救助特困家庭、"唱响邹城"、为病困儿童募捐等大型爱心公益活动。近年来，村里用于社会慈善和扶贫资金达 3 000 万元。

（三）擘画新兴业态，丰富发展格局。后八里沟村坚持"长远发展、面向全国"的发展目标，在原有房地产、建筑传统产业的基础上，倾力发展互联网＋商业服务、教育科技、医养康养等新兴产业，规划打造服务业功能区、美丽乡村生态文体小镇产业区、产品制造产业开发区等三大产业功能区。目

前，集党史教育、村庄发展、民俗文化、物业服务等为一体的为民服务中心已投入使用，鑫琦国际广场正常营业，与北京大学联合共建的高品质寄宿制学校在校生达1 000多人，中医药康养服务中心一期3万平方米已建成投用，葡萄酒文体小镇完成了规划设计。

后八里沟村通过农村集体产权制度改革，盘活了集体资产，激发了集体经济组织发展活力，形成了"人人为发展、个个比贡献"的干事创业热潮，让"沉睡的资产"变成了"活跃的资本"，最大限度释放了集体经济发展潜力。

河南省新郑市龙湖镇泰山村：

激活农村资源 提高集体经济质量

泰山村是轩辕黄帝会盟诸侯之地，位于新郑市龙湖镇西 3 公里处，辖 9 个村民组，628 户 1 950 人，全村共有党员 64 名，土地 4 500 多亩，其中：耕地 2 700 余亩，村庄占地 800 余亩，荒沟、荒山 1 000 多亩。2018 年以来，泰山村紧抓农村集体产权制度改革机遇，深入推进改革，有效激活了农村资源，村集体经济质量显著提高，农民收入明显增加，群众获得感和幸福感日益提升，呈现出"村内有产业、户户有项目、人人有活干"的蓬勃发展状态，先后评为"全国一村一品示范村""中国乡村旅游模范村""全国生态文化村""河南省最美乡村""河南省特色旅游村"。

一、主要做法

（一）谋划先行，全面推进。经过前期酝酿和逐户宣传，2018 年 6 月 27 日泰山村召开了村民代表大会，通过了正式启动泰山村集体产权制度改革决议和初步实施方案，明确了各改革阶段的目标任务、时间节点。成立了以村党支部书记为组长，党员代表、村民代表、年轻干部为主要组成人员的改革工作小组。公开招标择优选聘第三方，全程参与改革。

（二）依规改革，合理探索。一是突出重点，清产核资"家底清"。以村、组为单位，组织由村党支部、村民委员会和村民代表参加的资产清查组和核实组，聘请专业测绘公司，对集体各类资产、负债和所有者权益进行逐项清查，确认资产所有权，并做好清理、登记、核实、公示、确认、上报等工作。全村清查核实集体资产 2.2 亿元，其中经营性资产 1.05 亿元；村级资源性资产 2 044.08 亩，组级资源性资产 2 495.19 亩。二是突破难点，成员确认"身份清"。按照尊重历史、兼顾现实、程序规范、群众认可的原则，妥善解决好婚姻、血缘、户籍、生育、收养、移民、求学、服役、服刑等各类人员的成员界定问题，保障合法权益。组织村"两委"、党员、村民代表对《泰山村集体产权制度改革成员身份界定实施方案》进行讨论、完善和表决确认，成员身份确认的基准日为 2018 年 9 月 1 日 0 时，成员身份确认结果进行"三榜"公示，每榜公示时间不少于 10 天，并多次公开征求群众意见。全村共确认成员 1 744 名。三是探索改点，股权设置"权利清"。组织村"两委"、党员、村民代表多次对《泰山村集体产权制度改革股权设置、折股量化实施方案》进行酝酿、讨论、完善，经表决确认，设置人口股、土地股、集体股，人口股以成员身份界定结果为依据，实行一人一股；土地股以农户参与集体发展的家庭承包耕地面积为依据，每亩地折合 10 股，计算出各户的土地股数；集体股占 30%。股权管理采取"量化到人、固化到户"的管理模式，原则上实行"两不增、两不减"的静态管理办法。股权经理事会批准可以在本村内部转让，转让价格由双方自行协商确定，原则上单个家庭或个人持股占比不得超过村股份经济合作社总股份的 10%。

二、创新村集体产业发展模式

泰山村以"资源变资本、资金变股金、村民变股东"为目标，充分尊重民意，创新改革方法，探索发展路径，确立了"林业立村、生态富村、旅游活村、文化强村"的发展思路，不断对村内旅游产业创新升级，推出"旅游+"特色发展模式，以旅游产业为平台，带动培训、民宿、农副产品深加工、中小学生研学等 20 余种集体产业发展，形成网状产业结构。

（一）特色旅游。依托黄帝文化，恢复重建了黄帝会盟祠、马武寨等景点，以"乡土的味道，年轮的烙印"为文化核心打造的千稼集，运用经典历史场景还原再现的形式，呈现不同时期的农村文化，让游客感受到山美、水美和

泰山村依托黄帝文化推出"旅游+"特色发展模式

深厚的文化底蕴，每年吸引 70 多万游客前来观光旅游。

（二）"旅游＋中小学生研学"。开发中小学综合实践教育基地，推出汉字文化馆、职业体验馆、创客工厂、军事创享园和农耕文化园等多个项目，给孩子们提供综合性研学旅游场地，每天可接待 1 300 名中小学生来村开展研学教育活动。

（三）"旅游＋培训"。泰山村千稼集培训基地已被正式授予"新郑市基层党建教育培训基地"称号，4 家主题酒店共 900 张床位、8 个大中型会议室、4 个主题餐厅，可容纳 900 人同时住宿、1 000 人同时就餐、3 000 人同时开展会议培训活动。截至目前，培训基地已接待党员干部培训和社会企业培训 50 万人次。

（四）休闲农业。平整 100 多个石头坑，并把无法回填的采石坑别出心裁地开发成日潭、月潭和天池 3 个人工湖；对荒山荒沟进行绿化，种植樱桃、核桃、苹果、杏、桃等经济林，改善了生态条件，使泰山村成为一个绿色氧吧；村里成立两个农业专业合作社，对农产品进行加工和包装，提高产品附加值，增加村民的就业机会和经济收入。打造千稼集景区，同时，每年举办樱桃节，吸引大量游客前来体验农家乐。

三、用好改革成果提升发展质量

（一）村容村貌显著提升。泰山村建成了628套美丽农居，卫生室、警务室、老年活动中心、医务室、敬老灶等设施应有尽有。村内安装1600多盏路灯，实现村庄道路及住宅亮化。安装13个监控平台，900多个高清摄像头，基本实现全村无死角监控。新打15眼深水井，铺设供水管网2万多米。建设2座生态污水处理厂，污水管网达3万多米，实现污水零排放。安装15台电力变压器，3万多米高低压线路，保证全村生产生活用电。村庄绿化面积60多万平方米。现在，村内基础设施完备，人居环境优美，村民的精神面貌焕然一新，幸福指数直线上升。

（二）农民收入大幅提高。整合村庄黄帝文化、马武寨文化、采摘观光等资源，以"旅游+"为抓手，打响泰山村旅游品牌，带动全村20余个配套产业发展壮大，2020年村集体经济年收入9600万元。现在的泰山村人人是股东，人人按股分红，集体经济充满活力，农民已由村民转变为股东和产业工人双重身份，不仅有股份分红收入，还能通过在村上的园区、旅游区打工挣钱，增加工资性收入。

河南省三门峡市渑池县张村镇河南庄村：
借力产权改革 "变" 出村庄新貌

河南庄村地处身佩六国相印的苏秦故里，全村共 8 个村民小组，260 户、900 人，总面积 1.6 平方公里，耕地面积 1 670 亩。2018 年以来，河南庄村以农村集体产权制度改革为契机，积极探索新时代农村集体经济发展模式，大力发展集体产业，不断加快乡村振兴步伐，从远近闻名的"上访村"变为一个奋力前进的"先进村"，先后被评为"国家级森林乡村""全国乡村治理示范村""河南省旅游名村"及省级美丽乡村示范村。

一、主要做法

（一）打造过硬领导班子。改革初期，河南庄村就迅速成立了以村党支部书记任组长的集体产权制度改革领导小组，邀请县、乡产改办工作人员到村指导，多次召开村"两委"会议、党员大会、村民代表大会，学习相关文件和会议精神，认真制定了工作流程、工作方案。研究制定了《河南庄村集体产权制度改革实施方案》等规章制度，保证农村集体产权制度改革规范化和制度化。

（二）讲透改革变化好处。在村主干道路两侧、人口密集区域悬挂横幅、标语 100 余条，营造浓厚的改革氛围。通过村里"大喇叭"宣讲、入户动员等方式，对集体产权制度改革工作进行广泛宣传，讲清改什么、怎么改、改和不改有什么区别等群众普遍关注的问题。为打消群众顾虑，河南庄村采用"走出去、请进来"的办法，先后多次邀请专家对村"两委"干部、村民代表进行培训，组织村民到济源、洛阳等改革先进村考察学习，确保改革工作能够得到群众认可。

（三）稳步扎实推进改革。一是摸清集体家底。河南庄村成立清产核资工作小组，广泛动员老干部、老党员、老代表积极参与，对河南庄村历史沿革以来形成的各类集体资产进行详细核查，做到全面、真实、准确、不遗漏。经清查，全村共核实集体资产 219.8 万元，其中经营性资产 53.6 万元；资源性资产 2 546.1 亩。二是科学界定成员。首先确定基准日，通过召开村"两委"会议、村民代表大会确定了人口核定基准日，基准日之前本村在册人口作为成员的基数。其次确定成员范围，经会议讨论，列出 7 类可享受对象和 7 类不可享受对象。注重保障妇女权益，特别规定与本村村民离婚后户籍未迁出的离异女性及其子女可继续保留成员身份。最后由成员界定工作小组安排专人逐户核实，到派出所逐人对照，确保成员界定工作扎实有效。全村确定成员 794 人，得到了群众认可。三是合理股权量化与设置。经村民代表大会商议，只设人口股，实行一人一股，对 53.6 万经营性资产进行量化，每股价值 675.06 元。村股份经济合作社向成员发放股权证书，作为享受收益分配的凭证。股权实行动态管理，每 5 年随股份经济合作社换届进行变动。

二、取得成效

河南庄村利用改革成果，探索在推进农村集体产权制度改革的基础上，积极发展产业、改善村庄环境、发展乡村旅游等，初步实现了集体变强、村民变富、村容变美的改革目标。

（一）借力改革壮大产业发展，集体变强了。为解决一家一户土地分散、产业发展受限等问题，村集体采取 500 元流转费保底加分红的模式从农户手中流转 167 余亩土地发展丹参产业，当年集体获利 50 余万元，让河南庄人从改革中看到了希望，坚定了信心。村"两委"干部及部分群众代表多次赴山东、山西和郑州、偃师、内黄等地考察，精挑细选产业项目，决定大力发展丹参种植、金丝楸树育苗、中药材种植等高效产业。先后召开了村"两委"

会议、党员代表会议和村民大会，组织动员村民将土地全部流转到村集体股份经济合作社，当年9月发展楸树育苗520亩、丹参种植310亩、珍珠透骨草种植150亩、黄芪育苗260亩、知母育苗100亩、花椒种植200亩，奠定了河南庄村集体经济发展的良好基础，2019年以来，村集体收入连续3年突破百万。

（二）借力改革改善村庄环境，村容变美了。为提升村集体经济发展空间，2018年河南庄村借助改革，对 "一户多宅" 和超占宅基地等现象进行集中治理，先后拆除 "一户多宅" 宅院52座，收回有价值的古宅院13所，腾退土地14.7亩，收回窑洞4个、河道空闲土地38余亩。按照 "一宅变四园" 的思路，将废弃宅院、闲置土地打造成花园、果园、树园、游园，规划建设了2个广场，建成粉黛草、荷花、欧洲月季等特色游园。充分发挥苏秦河的优势，争取美丽乡村财政奖补资金470万元，新修标准化道路700余米，建设中心广场一个，铺设地下污水管网2 383.34米，建成污水处理站2个，实现了生活污水集中处理。

（三）借力改革发展乡村旅游，村民变富了。村 "两委" 班子一致认为

河南庄村打造粉黛草庄园发展集体经济

要想壮大村集体经济，必须发展第三产业，借助第一产业红利带动第三产业发展，壮大第三产业来反哺第一产业。2019年9月，河南庄村种植的30余亩粉黛草盛开期间，吸引周边游客30余万人，单日最高峰达2万人，带动周边百姓自主创业，仅50天时间就实现人均收入4 000元，极大地鼓舞了全村群众支持集体经济发展的热情。2019年11月，河南庄村使用政府专项债投资4 790万元建设了田园综合体项目，主要发展金丝楸树、黄芩等中药材、花椒、观赏油菜花、冬桃及大棚草莓种植，打造月季园、荷花塘、粉黛草庄园、鲁冰花庄园等沿河观光带，建设文化广场、滑沙场、游乐场、小吃一条街、水上乐园、乡野风情住宿区，计划2022年10月全部建成，建成后每年村集体预计可增收300万元以上。

三、经验启示

（一）育强集体"领头雁"。河南庄村在集体产权制度改革和"一户多宅"、超占宅基地整治行动中，村"两委"干部、党员干部带头腾退超占宅基地和一户一宅范围外房屋，起到了良好的带头作用。2018年，在村"两委"班子原有基础上，吸纳了村中乡贤、专业技术人才加入村股份经济合作社，壮大了村集体领导班子，以此共同助力河南庄村集体经济发展。

（二）用好民主"公平尺"。清产核资过程中，对集体土地、固定资产、经营性资产等各类资产全部通告村民代表，在村公示栏张榜公布，设立监督电话，接受群众监督。村中党务、村务、财务、重大支出等事项，每季度通过村务公开栏向群众公示。村集体发展过程中每一项重大决定、经济收支情况均向群众公开，让群众心中有一本明白账，切实得到认可。

（三）下好产业"融合棋"。农民离不开世世代代耕种的土地，农业生产是河南庄村发展集体经济的基础。河南庄村先期通过发展农业产业取得相对可观的经济收入，让群众享受到发展红利。通过一产发展积累资金，利用自身优势逐渐发展三产，通过壮大三产增加村集体经济收入扩大群众红利，再反哺一产，有力促进了多产融合发展。

河南省新乡市获嘉县照镜镇东彰仪村：
抓住改革机遇 破难题创新路

东彰仪村位于获嘉县东北，村域面积 1.6 平方公里，耕地 1 350 亩，全村共有 305 户、1 216 人。在 20 世纪 80 年代，东彰仪村曾是全县集体经济发展先进村，由于集体企业先后破产倒闭，欠下数百万元村民集资款，导致 260 余亩集体土地被集资群众无偿占用、60 余亩集体建设用地长期闲置，班子软弱、人心涣散、村貌破败，成了远近闻名"老大难"村。2016 年以来，东彰仪村抓住农村集体产权制度改革机遇，盘活了集体资产，创新了发展思路，破解了历史难题，探索了壮大集体经济的有效路径，实现了由后进到先进的转变，先后被评为国家级森林乡村、省级生态文明村、市级乡村振兴示范村。

一、主要做法

东彰仪村以改革为手段，以发展为导向，以壮大集体经济、增加农民收入为目的，强化"三项保障"，狠抓"三大环节"，探索"三种模式"，走出了一条以改革促发展的新路子。

（一）强化"三项保障"。改革之初，村"两委"就在组织、宣传、政策方面作了大量的准备工作。一是组织保障。成立镇指导组、村领导组，动员村"乡贤""能人""五老"等人员组成工作组，聘请律师、审计、评估等人员组成服务组。二是宣传保障。通过会议、传单、入户、参观学习等多种形式，讲清楚说明白为啥改、怎么改、改成啥、有啥好，力争广大群众的理解和支持。三是政策保障。组织学习中央政策，结合本村实际，反复酝酿讨论，制定农村集体产权制度改革方案、清产核资办法、成员界定办法、股份量化办法"一方案三办法"，确保改革方向不偏，实际操作可行。

（二）狠抓"三大环节"。一是资产查清环节。采取公布台账、主动申报、公开举报、现场核实等方式，不仅澄清账内资产，还对账外资产资源进行清理、核查、登记、处置，确保资产清查无盲区、全覆盖。全村共清查资产680万元，其中经营性资产41万元、非经营性资产639万元，比清产核资前增加32%。将不规范合同清理作为清产核资重点，通过"党员干部带头、乡贤说服引导、村民公开评议、依法依规处理、扫黑除恶震慑"等手段，解除、变更不规范合同6份，收回集体土地216亩，清欠承包费52万元，村集体年增收3万余元。

二是权属理清环节。理清权属重点是解决好身份界定和股份量化问题。东彰仪村以"稳妥界定身份、科学量化股份"为目标，重点解决特殊群体身份界定标准、破解集体股和成员股设置等问题。对于"外嫁女""入赘男""离婚女"等特殊群体，按照"尊重历史、照顾现实、符合程序、群众认可"的原则，组织村"两委"、党员、村民代表等对方案进行反复酝酿、完善和表决确认，并多次公开征求群众意见，充分保障群众的权益。全村确认成员1 117名。经村民代表大会同意，按照以户为单位，一人一股的原则设置成员股1 117股，保留30%的集体股，解决村级公益事业投入问题。

三是组织设置环节。在干部任职方面，实现了支部书记与理事长、"两委"干部与理事、监委干部与监事、村民代表与成员代表交叉任职；在工作关系方面，确立了"党、政、经"3个组织的关系，党支部是核心、村委会管政务、集体经济组织管经营；在人才培养方面，鼓励懂管理、善经营的成员股东参选任职；在充分发挥市场主体作用方面，村股份经济合作社发起成立了土地合作社、启航劳务公司，积极推进集体经济发展，尽快让改革成果显现。

（三）探索"三种模式"。一是盘活集体资产。对未承包到户的村集体承包地、建设用地，在完成清产核资的基础上，公开竞拍，依法发包，每亩

东彰仪村集体投资发展大棚蔬菜种植

地比原承包费增收 200—300 元。对废弃坑塘、空闲宅基地进行科学规划，利用收回的废弃坑塘建成了集污水处理、垃圾分类、文化广场、绿地花园为一体的综合湿地公园，利用废弃地、空闲宅基地建设了 3 处游园、3 处景观节点，极大改善了人居环境。二是统筹经营土地。村集体经济组织成立土地合作社，集中流转土地，引进农业大户发展现代农业产业，以井、电、路、渠等集体资产入股分红，不仅增加了农民收入，村集体也取得了固定收益。三是实施"村企共建"。村集体与河南锦源化工有限公司合作，投资 6 000 万元发展大棚蔬菜种植，由村集体提供"一站式"服务，安排 48 名村民到企业务工，人均年增加收入 2 万余元。

二、改革成效

（一）疏解了群众的怨气，提升了乡村治理水平。东彰仪村乱的根源是多年前集体企业破产留下 460 万元巨额债务，以及因债务纠纷造成的村民拒交承包费导致村集体几乎没有收入。通过改革，特别是清理了不规范合同，厘清了权属关系、解决了社会不公、平息了群众怨气、增加了集体收入，村级治理日趋规范，村风民风逐步向好。

（二）改善了村庄的环境，擦亮了乡村振兴的底色。村里有钱了，民心都顺了，土地腾退了，为全面提升人居环境奠定了坚实基础。2018 年以来，东彰仪村利用各类项目资金 350 万元，配套投入 20 万元，完成了村庄的"净化、绿化、硬化、亮化、美化、文化"六化建设，新建公共服务设施 12 个，完成了"多规合一"编制规划，走上美丽乡村建设之路。

（三）增加了集体收入，奠定了村庄发展的基础。通过土地统筹经营，承包费市场化标准，村集体每年可获得稳定收益 15.2 万元；村集体劳务公司组织输出务工人员，获得收益 4 万元；村集体经营 20 多亩耕地，年获得经营性收入 5 万元；通过出售村内外的绿化树木，年收益 5 万余元。2020 年村集体收入达 30 万元，改革使东彰仪走上了强村之路。

（四）增加了农民收入，提升了广大群众的幸福指数。土地流转到村集体，统一组织经营，每亩地承包费由 700—800 元增加到 1 000 元，村民每年合计增收近 30 万元；从土地中脱离出来的农民转型为产业工人，通过村劳务公司安排就业，每月收入 1 500—2 000 元，改革使东彰仪村走上了富民之路。

三、经验启示

（一）人的因素为改革之"根"。有一个好班长、一套好班子、一支好队伍，这是推进农村改革的根本保障。村党支部书记是领路人，需敢担当、肯作为、谋出路、破难题，关键时候需冲得上、扛得起、拿得下；村"两委"班子是护路人，需顾大局、识大体、讲团结、肯吃苦、会思考、能办事；一支专业的改革队伍是铺路人，需专业化、知识化、科学化、层次化，三支队伍团结协作才能使改革强基固本。

（二）公开民主为改革之"盾"。改革势必会触动各个群体的利益，让改革在平稳中推进，在和谐中实施，"四议两公开"工作法就是决胜法宝。从改革的方案、办法制定，到各环节、各节点的规定动作，都要保证在阳光下运行，在党员、村民代表、村民监督下操作，让群众吃上"定心丸"，改革之舟才能在群众的拥护下破浪前行。

（三）统筹推进为改革之"魂"。东彰仪村坚持以农村集体产权制度改革为引领，协同推进承包地"三权分置"改革、宅基地制度改革、集体经营性建设用地入市改革和土地利用综合改革等 4 项改革。通过承包地确权登记颁证和集中流转，提升土地利用效益；通过借鉴成员身份确认成果，确定农民宅基地资格权；通过集体经营性建设用地入市，为支持集体经济发展获得流动资金；通过土地利用综合改革开发集体土地，产生出 1+4>5 的改革联动效果，为乡村振兴提供了有力支撑。

河南省济源示范区承留镇花石村：

扎下集体经济根 开出百姓致富花

花石村地处"中国森林氧吧"——南山国家级森林公园入口处，面积 4.3 平方公里，耕地面积 858 亩，全村 204 户、813 人。2015 年，济源被确定为全国首批积极发展农民股份合作赋予农民对集体资产股份权能改革试点。花石村作为首批 6 个改革试点村之一，依托较好的发展基础，积极探索，勇趟新路，形成"把握四个关键、探索三种模式、实现三大成效"的花石模式，改革取得了阶段性成效。先后获得"全国生态文明村""省级生态文明示范村""河南省十佳美丽乡村"等荣誉称号。

一、把握四个关键，开展产权改革有实招

一是充分宣传发动，把好思想认识关。分组包片入户发放"致村民的一封信"，面对面宣传股份合作制改革政策，了解群众诉求，解决群众疑惑；组织妇女代表、致富能手到周边先进地区参观学习、考察，组织村"两委"和监委干部、党员代表、妇女代表等召开座谈会，在学习讨论中统一思想、了解政策、坚定信心、谋划思路，切实解放思想、消除顾虑，为改革的顺利推进奠定思想基础。

二是摸清资产家底，把好清产核资关。对资源性资产、经营性资产和非经营性资产进行全面清理核实，明确所有资产的权属关系，填好财产清单，设立台账登记造册。采取张榜公示、"三榜定案"的方式，充分发挥群众监督作用，真正做到不隐瞒、无遗漏。通过清产核资，共清查集体资产 885 万元，

其中经营性资产 62.5 万元。

三是科学制定原则，把好身份确认关。按照"尊重历史、照顾现实、符合程序、群众认可"的原则，召集村"两委"和监委干部、党员群众代表反复探讨"出嫁女""入赘男""户口倒挂""大学生""现役军人""离婚群体"等特殊人员的成员身份问题，将研究出的身份确认办法进行公示征求群众意见，并根据群众意见反复修改，直至群众满意为止，最大程度保障群众的知情权、参与权、决策权、监督权。依据最终确定的成员身份确认办法，确认集体成员 693 名，有效解决了多年来因分配不均产生的矛盾纠纷，以及以往集体资金使用和管理由少数人说了算等问题，为改革的顺利推进营造了和谐稳定的外部环境。

四是明晰产权关系，把好资产量化关。在清产核资的基础上，将集体资产和上级财政奖补资金折股量化，成立"济源市承留镇花石村股份经济合作社"，全村 693 个成员每人一股，实行按股分红，使得集体经济的管理、运行、发展与农民的利益直接挂钩，产权关系真正得到了明晰，农民的主人翁地位真正得以确立，进一步激发了村级经济发展活力。

二、探索三种模式，发展集体经济有路径

花石村边改革、边发展，按期完成改革任务，探索了股份合作发展集体经济的 3 种模式，实现了"资源变资产、资金变股金、农民变股东"。

一是集体资本和成员资本合作。2015 年，村集体出资 10 万元，成员出资 151 万元，总投资 161 万元建设滑雪场项目。2016 年，村集体出资 50 万元，农户出资 96 万元，建设水上乐园项目。目前滑雪场和水上乐园项目均已累计盈利 600 万元，农民 1 万元股金已累计分得收益 1.7 万元。

二是集体资本和金融资本合作。2017 年，集体投资 200 万元，建设千亩梅园项目，作为乡村旅游产业基础；2019 年以集体资产作抵押向银行贷款 90 万元，购买小火车、游船，发展旅游经济，2019—2020 年实现营业收入 29 余万元。

花石村集体投资开发夏季水上娱乐项目

三是集体资本和社会资本合作。2019 年，集体以门面房入股、占51%，济源臭啤匠实业有限公司以技术设备入股、占49%，合作建设啤酒屋项目。花石村还吸引了社会资本投资发展乡村旅游，2019 年广东驴迹公司投资 2 万元投放 20 辆观光自行车，游客扫码按小时付费骑行，收入的51% 分给村集体，每年可增加村集体收入 4—5 万元。

三、实现三大成效，推动乡村振兴有效果

通过改革，进一步壮大了村集体经济，盘活了农村闲置资源资产，增加了农民收入，真正让死钱变成了活钱、小钱变成了大钱、资产变成了资本，为乡村振兴打下了坚实基础。

一是壮大了集体经济。以村股份经济合作社为载体发展乡村旅游，形成了春天赏千亩梅花、夏季水上娱乐、秋季采摘瓜果、冬季纵情滑雪的"四季有戏"发展格局。春节期间还推出了"过年来花石"休闲旅游活动，获得了良好的经济效益，近两年集体经济收入均超百万元。

二是盘活了农村资产。通过农村集体资产抵押，拓宽了融资渠道，将农

花石村股份经济合作社成员领取分红

村集体资产从"死资产"变成"活资本"，为发展农村集体经济、增加农民财产性收入提供了"催化剂"。

三是增加了农民收入。通过集体资产股份权能改革，直接带动了农民收入的增加，花石村农村居民人均可支配收入从 2012 年的 11 405 元增加到 2020 年的 28 146 元。村集体每年为每位成员分红 1 000 余元，对参加农村合作医疗的成员每人补助 100 元。同时，依靠产业项目带动，为村民提供了 50 余个就业岗位，增加了村民的工资性收入，实现了"家家无闲人，人人有事干"的目标。

湖北省潜江市泰丰办事处南荷社区：
明晰产权归属 加强社区治理

南荷社区位于湖北省潜江市中心城区，辖区面积310亩，辖区人口3 986人，其中常住人口165户、852人，户籍人口580人。设一个党支部，23名党员。截至2017年底，集体拥有资产1 106万元，其中经营性资产982.7万元，集体土地129亩（全部为建设用地）。

一、南荷社区集体产权制度改革的历史沿革

（一）2011年以前，征地补偿积累改革发展第一桶金。1976年，该社区为市农业局棉花原种场蔬菜队，主要承担蔬菜生产任务，为城区提供蔬菜；1982年，实行土地家庭联产承包责任制，分田到户；1996年，蔬菜队更名为棉花原种场南荷分厂，土地开始被征占征用，国家按3万元/亩的标准，对该村被征用的土地进行补偿。村集体将其中的1.7万元/亩分给村民，1.3万元/亩留给村集体，由此积累了发展集体经济的第一桶金。

（二）2011年至2018年，经过两次改制成立社区。2011年7月，潜江市成立泰丰街道办事处，将南荷分厂从农业局剥离出来，由民政部门发文改制为南荷村；2018年11月，随着城镇化深入推进，南荷村逐渐成为潜江市的中心城区，顺势而为改制成南荷社区。在此期间，社区人口不断膨胀，由原来的580多个农业户籍人口增加至近4 000人，新入人员与老村民之间的矛盾逐步显现，集体产权制度改革成为明晰产权归属、加强社区治理的有效出路，更是群众的期盼。

（三）2019年4月，改革成立股份经济合作社。2018年，按照潜江市的统一部署，南荷社区启动集体产权制度改革，严格按照组织程序，认真开展清产核资、清人分类、配置股份、建立组织4个阶段，于2019年4月成立南荷社区股份经济合作社，并到农业农村部门注册，领取登记证书。

二、南荷社区集体产权制度改革的具体做法

（一）建立组织，部署开展改革工作。按照改革试点工作由书记挂帅的要求，成立由南荷社区党支部书记任组长的集体资产股份权能改革领导小组，并组建由村会计、村民代表、老队长为成员的清产核资、清人分类等工作小组，开展具体工作。

（二）清产核资，全面摸清集体家底。2018年1月，南荷社区清产核资工作小组，按照"三资"清查、产权界定、资产评估、公示审核的程序，开展集体资产清产核资工作，全面摸清集体资产的存量、结构和使用情况。3月，完成清产核资任务，共清理账面资产959.64万元，核实资产1 106.74万元，资产盘盈率达15%，核实经营性资产982.77万元，主要来自菜市场、综合楼、开发楼等，理清了沉积多年的糊涂账。

（三）清人分类，划清集体成员边界。南荷社区地处城区中心，人口多、结构复杂，成员身份确认工作异常困难。2018年4月，南荷社区召开多次党员群众会议，研究制定清人分类工作方案，通过反复征求民意，考虑本社区所有的收益都是以土地征地补偿为基础而来，而享有土地承包经营权的是1982年的分田人口，拟将这些人员确定为集体成员。这一办法使复杂问题简单化，但却遭到了少数人的反对，有村民说："1982年，父母刚刚过世，家里仅剩3口人了，与其他家庭相比要少两口人，这样的话，我家就少了两个成员"。但是考虑到改革不可能保证绝对公平，不可能均衡所有人的利益，经过多次讨论和工作，最终通过这一办法。清人分类工作小组根据这一办法，以本辖区常住人口作为登记对象，认真开展清人分类工作，确认成员54户、287人。

（四）配置股权，保障成员股份权利。南荷社区充分考虑集体与成员的统分关系，按社区群众代表会议意见，决定设置集体股和个人股，分别占总股份的 20%、80%。按每人一股的股权数，设个人股 287 股、集体股 71 股，总股份 358 股。社区将经营性资产 982.7 万元进行量化，每股价值为 27 451 元。股权实行"生不增、死不减，进不增、出不减"的静态管理模式，可在本社区成员内部有偿转让。

（五）成立组织，发展壮大集体经济。2019 年 4 月，经泰丰街道办事处批复，南荷社区召开成员大会，表决通过合作社章程，成立南荷社区股份经济合作社，选举 5 人组成董事会、3 人组成监事会，社区支部书记兼任董事长，并推选 21 人成员代表。近年来，社区积极利用区位优势，加强建设经营管理，先后投资 400 多万元建设标准化菜市场、早点夜市，通过发包租赁，不断增加集体收入，2018 年社区实现经营性收入 150 万元，分红 68.9 万元，成员人均增收 2 400 元。

三、南荷社区股份经济合作社的运行机制

（一）民主决策按人投票。股份经济合作社成立后，由董事会负责日常经营管理，董事会表决实行"一人一票"，重大事项提交成员（代表）大会表决通过，成员（代表）大会按"一人一票"行使民主决策权，成员按所持股份额为限承担合作社经营风险。

（二）成员实行静态管理。章程规定，"以增人不增，减人不减的原则，按照 1982 年分田人口为标准确定我社区经济组织成员"，"依照清人分类工作结果，截至 2018 年 10 月，本社区共 165 户、852 人，认定为本社成员 54 户、287 人"。

（三）股权实行静态管理。股权量化、分配后，按"生不增、死不减，进不增、出不减"的原则实行静态管理。集体股权不可流转，个人股权可以流转、继承和有偿退出。个人股权的流转仅限在本社区范围内的自然人之间；可依法继承，没有继承人的，由集体收回股权；也可以有偿退出，经成员代

表会议审核、董事会同意后办理退出。个人股权的流转、继承和退出均需办理变更登记。

（四）收益分配按股分红。南荷社区实行按股分红、量入为出、保障公平的分配原则，兼顾集体和个人利益。章程规定，合作社的年度收益分配顺序为：一是提取不超过30%的收益作为公积公益金，用于扩大再生产、弥补经营亏损、文化事业支出、转增资本和社区现有852人的福利支出；二是集体股收益用于处理历史遗留问题和基础设施建设；三是个人股收益用于成员分红。

四、案例分析及启示

南荷社区通过集体产权制度改革，摸清了集体家底，划清了集体成员边界，组建了股份经济合作社，有力促进集体经济的发展，群众的获得感明显增强。

（一）改革呈现了3个特点。一是股权成为联系成员的纽带。经过几十年的发展，南荷村从一个蔬菜生产队逐步发展为城市社区型的集体经济组织，主要收入从依靠农业生产转变为物业出租，已经从纯农村过渡到城镇社区，成员居住相对分散，集体股权成为联系成员的纽带。二是股权固化，可以继承。将股权固化到成员，实行静态管理，集体不再对股权进行无偿调整，而是在组织内部进行有偿的流转交易，避免股权动态调整的不稳定性。集体成员过世后，其法定继承人可依法继承股权。三是股权流转限定在集体自然人之间。章程规定"股权的流转限定在本社范围内的自然人"，据董事长介绍，"自然人"不仅包括了287个集体成员，还包括这些成员的家庭成员，总数852人。

（二）深化改革需要处理好的3个问题。南荷社区的集体产权制度改革刚刚完成，股份经济合作社的发展还处在起步阶段，在今后的运行中要注意处理好以下几个问题。一是集体成员的管理问题。据统计，287人的集体成员中已经死亡66人，但成员的管理采取"增人不增、减人不减"的静态管理模式，成员数量的减少和"按人投票"的决策机制，将导致决策权逐渐被少数人掌握，所以建立成员动态调整机制迫在眉睫。二是集体收回的股权处置问题。没有继承人的成员死亡后，其所持股份由集体收回，以及有偿退出的股权可由集体赎回，但章程中未明确集体将如何处置部分股权，这是值得继续探索的问题。三是厘清成员、自然人与股东三者的关系。章程中对集体成员的表述非常清楚，但对社区自然人和股东并未进行说明。如果在日常的经营管理中，将三者的概念混淆，权利义务边界不清，将不利于村集体的稳定和发展。对于通过继承和流转获得股权的"社区自然人"而言，是否具有成员身份，需要进一步明确。根据《中共中央国务院关于稳步推进农村集体产权制度改革的意见》规定，"现阶段农民持有的集体资产股份有偿退出不得突破本集体经济组织的范围，可以在本集体内部转让或者由本集体赎回"，从这个意义上讲，南荷社区实际承认了这 852 人的集体成员身份。

（三）相关启示。一是追溯历史的成员确认办法能够解决很多现实问题。随着经济社会的快速发展，农村社会也发生了巨大变化，农村人口快速流动导致农村集体经济组织成员身份确认非常困难，尤其是城中村人口复杂、利益诉求多元，南荷社区将复杂问题简单化，将成员身份追溯至第一轮土地承包时的 1982 年，解决确认的问题，还解决了公平问题。二是集体收入不能吃光分尽。集体积累是发展壮大集体经济的基础，南荷社区没有将征地补偿全部分给农户，而是留了集体发展的第一桶金，让集体经济成为可持续发展经济，这样才能充分发挥集体的作用。

湖北省荆门市东宝区子陵镇新桥村：

"五好"标准抓改革 "五子"成效惠村民

新桥村位于荆门市城区北郊，有 6 个网格小组，住户 1 124 户，居民 3 951 人，村域面积 8 平方公里，集体经济年收入近 1 500 万元。近年来，该村坚持"五好"标准，高质量完成农村集体产权制度改革，高效率盘活集体资产资源，实现了"组织挂牌子，农民领本子，干部挑担子，股东分票子，村庄变样子"的改革目标，走上了强村富民的"金光大道"。

一、统筹好进度，深化改革不间断

2000 年以后，荆门市加快了城市化步伐，新桥村的土地被陆续征收，对

新桥村股份经济合作社领取农村集体经济组织登记证书

保护集体经济组织成员财产权益的需求日益迫切。2005年，新桥村"两委"就组织24名熟悉村情的老干部、老村民，根据历史资料对1954年全村实行农业合作化时的人员和资产情况进行了清理，为开展农村集体产权制度改革打下了坚实基础。2009年5月，全村以小组为单位对村内居民状况进行了初步调查。2015年9月，对全村集体资产进行了初步清产核资。2017年，新桥村被荆门市东宝区选为农村集体产权制度改革试点村，改革工作全面提速。2018年9月19日，新桥村股份经济合作社正式成立。

二、把握好重点，清产核资不遗漏

早在1991年，新桥村就开始大力发展集体经济，历经资源开发起步、资本运作提档、实体带动增速等3个阶段，集体积累迅速增多，村民对集体资产的关注度也越来越高。为消除群众疑虑，确保集体资产安全，村"两委"组织多名党员代表、村务监督委员会成员和财务人员组成专班，同时咨询专业机构，聘请专业人士参与，用1个月时间进行清产核资。专班严格遵循尊重历史、全面彻底、准确无误、集体决定的原则，对所有集体资产进行分类界定、登记造册、确定权属、公示结果，做到了"三查三符"（即：查资金，账款相符；查资产，账实相符；查价值，账证相符），共确认新桥村集体资产总计3.55亿元，其中资金0.9亿元，经营性资产2.56亿元，非经营性资产0.09亿元，向全体干部群众交出了一本"明白账"。

三、处理好关系，清人分类不包办

面对辖区内居住人口多、迁移变动大的复杂情况，村"两委"组织专班，按照"收集意见、调查核实、酝酿讨论、会议议决、公示公开"的基本步骤进行清人分类、确认成员。专班利用村财务资料等档案保存完整的优势，对全村的人口组成进行了详细地调查摸底；动员老党员、老干部、老同志挨家挨户讲政策、摸情况、听意见、答疑惑、解纠纷；组织村组干部和村民代表反复审慎研究，提请村民代表大会表决，形成了《新桥村产权制度改革清人分类及处置实施方案》。此方案确定，以1954年入社、1982年第一轮土地承包、1998年第二轮土地承包为时间节点，综合考虑户籍、生产生活历史和土地承包关系，结合相关法律法规，对辖区内居民进行分类，为确认具有集体成员资格的人员计算劳动工龄，确认结果实行逐组逐户"三轮签字、三榜公示"。全村清人分类工作历时一年半（2017年4月到2018年9月）终于完成，共认定集体成员638户、1 649人。

四、把握好方向，稳定持股不争议

股权配置是难点，要做到不争议确实难。新桥村为推动产权改革工作召开了30多次会议，其中一半以上是在研究股权配置。由于资产总量大、成员人数多、历史情况复杂，为使集体资产股份配置公平合理，新桥村在探索配股办法上下足了功夫。村改革专班和成员代表为此开了10多次会议，配股方案数易其稿，最后决定将全村集体资产量化为720万股，其中集体股占29.4%，成员个人股占70.6%。个人股又分为原始投资股、承包人头股、劳动工龄股等三大类，配股时坚持"四个兼顾"，确保总体公平公正，取得各方一致同意：一是兼顾原住户和迁入户的利益。对将户口迁入新桥村并取得土地承包经营权和宅基地使用权的农户，按迁入时间配给相应的股份。1982年之前迁入的，既配给承包人头股，也按迁入年限配给劳动工龄股；1982年之后迁入的，只按迁入年限配给劳动工龄股。二是兼顾独子户和多子户的利益。对1954年入社的原住户配给原始投资股，同时在原始投资股中专设一种"新分户年限股"，按年龄配给多子原住户的子女，肯定其在分户前为集体所做的贡献，缩小多子户与独子户子女之间人均原始投资股的差距。三是兼顾原住户与政策性移民的利益。对迁入新桥村的丹江口水库移民视为原住民对待，配给原始投资股。四是兼顾高配股农户与低配股农户的利益。按照一般标准，新桥村集体成员家庭配股数额最高可达2.2万股，最低则只有几百股。为防止随着时间推移和家庭成员变化，不同家庭和集体成员之间的股份份额差距进一步拉大，新桥村规定成员家庭持股不超过 1.8 万股的上限，超出部分由村集体买断，不再配置给成员个人。

五、运用好成果，改革红利共分享

新桥村始终将农村集体产权制度改革工作与脱贫攻坚和乡村振兴战略的实施有机融合，提出了"大力实施乡村振兴战略，积极推进农村集体产权制度改革，建设美丽幸福和谐新桥"的改革目标。利用村集体建设用地资源和自有资金，与企业合伙开发 24 层黄金坡公租房和经济适用房，投资 2.7 亿元建成 7.5 万平方米的凤凰山还建小区和 8 万平方米的新安花苑小区，新增住房 1 184 套、老年人公寓 40 套、商业门面 8 700 平方米，解决村民居住、养老问题，引导村民就近创业就业，每年为集体创收 100 万元。新桥村股份经济合作社 3 年来每年按不低于 20% 的增幅累计分红 1 224 万元，村集体分得股金 359.86 万元，全部投入乡村振兴建设、公共服务和公益建设，个人分得股金 864.14 万元，户均分红 13 545 元，人均增收 5 240 元。71 户、200 名建档立卡脱贫户分得 106.77 万元，人均年增收 5 339 元，脱贫攻坚成色更足、底色更亮。

新桥村股份经济合作社首次向集体成员分红

湖南省常德市汉寿县罐头嘴镇福兴村：

改出"致富路" 富路同心"奔小康"

汉寿县罐头嘴镇福兴村地处汉寿县东北部，是典型的偏远村庄。全村辖21 个村民小组，人口 3 816 人，有耕地 7 536 亩，鱼池 750 亩，2014 年被确定为省级贫困村。2017 年以来，该村全力推进农村集体产权制度改革，村支"两委"以"资源变资产、资金变股金、农民变股东"为目标，激活农村各类要素资源，用公心凝聚民心，持续壮大村集体经济，为致富奔小康探索出新路，2018 年实现脱贫摘帽。

一、全力做动员，画好"同心圆"

农村集体产权制度改革是对农村生产关系的重大变革，必须做好充分宣传引导，赢得最广泛村民支持。一方面，充分尊重村民主体地位。将民主、集体议事原则贯穿改革方案制定、推进等每个环节，通过村支两委会、党员会、村民（代表）大会等引导广大党员、群众参与改革谋划和推进，整个产改工作中，全村召开大小会议 50 余次。充分发挥村老党员、老干部等熟悉村情民意的群众代表作用，结合上级改革精神，共同探讨制定《福兴村农村集体产权制度改革实施方案》《福兴村清产核资工作方案》《福兴村农村集体经济组织成员身份界定方案》等规范性文件，确保改革有据可依、有方可寻、群众认可。另一方面，广泛宣传造势。通过宣传栏、"给村民的一封信"等形式对产权制度改革工作的意义、内容及程序进行宣传，让村民深刻了解改革的初衷，知晓"为什么改、改什么、如何改"，村民由被动接受转变为主动参与。

二、公正摸家底，算好"集体账"

清产核资是整个产权制度改革工作的重点、难点，也是群众关注的热点、焦点。该村成立由镇蹲点干部、村"两委"干部、党员、村民代表、监督委员会成员等组成的清产核资工作小组，明确清理目的、重点、范围和内容。针对账内清理，按照会计制度核算要求，确保各项收支业务、资产、负债完整准确入账，编制清产核资各类会计报表及明细表。对各项资金、资产、资源及负债和所有者权益进行全面清理、核对和查实，填写《农村集体资产清产核资登记表》。针对账外清理，主要对资源性资产进行清理，以村保存的历史资料为基础，按照全县统一要求，由县派专业技术队伍，村派指界定位人员的办法，采取实地查看与重新测量相结合进行盘点。对有产权争议的，坚持公开、公平、公正原则，均采取入户走访、集体座谈和意见反馈等方式，彻底摸清资产权属基础信息，全面查清经营性资产和非经营性资产存量、结构、分布和使用效益等情况，做到账证相符、账实相符，并建立健全了集体资产的登记、保管、使用、处置等台账制度。全村共核实集体固定资产165.4万元，经营性资产62.7万元。核实债权123.4万元，核销历年呆账93户、24.2万元，核实债务142.9万元；清理资源性资产承包（租赁）合同9份，核增鱼池面积268.7亩。

三、打好组合拳，实现农村"三变"

聚焦农村"三变"目标，打出"定、设、建"组合拳，稳步推进，实现了"资源变资产、资金变股金、农民变股东"。

一是慎重确认成员身份。依据《汉寿县农村集体经济组织成员身份确认指导意见（试行）》和《汉寿县农村集体经济组织成员登记备案管理办法（试行）》等指导性文件，分"三步走"完成成员身份确认。第一步，定好调。坚持"尊重历史、兼顾现实；程序规范、依法依规；公开民主、群众认可"

原则，以生产生活历史、土地承包关系及与集体经济组织权利义务关系为依据，制定了《福兴村集体经济组织成员身份确认办法》。第二步，摸准底。以村支"两委"为主导、以本村"五老"队伍为主体，分片、分组开展人口调查摸底，对人口情况进行初步登记，收集整理村民提交的相关证明材料，逐户、逐人进行真实性初步审查，登记造册。第三步，把好关。召开村支"两委"和党员代表会，依据《福兴村集体经济组织成员身份确认办法》，逐户、逐人按"可确认身份人员、待确认身份人员、不予确认身份人员"3类予以界定，并提交集体经济组织成员（代表）大会民主讨论，最终确定认定结果。整个过程坚持摸底公示、初定公示、确认公示"三榜定案"。全村最终界定村集体成员 3 554 人。

二是合理设置股权。充分尊重农民群众的意愿，把清产核资的真实家底亮给群众，把改革方向选择权交给群众，由成员民主决定集体经济组织设置类型、如何配置股权、要不要设集体股、如何管理股权等一系列问题。通过"四议两公开"和"三榜定案"，最终确定建立福兴村股份经济合作社，全村以量化经营性资产为主，股权设置只设成员股不设集体股，成员股实行一人一股，量化到人，并坚持"生不增、死不减"静态管理，该方法公平公正，简便易行，群众高度认可。

三是规范建立组织。召开全体成员大会一致通过，在股份经济合作社理事会、监事会管理层人员确定上，直接由村支"两委"人员及监委会人员过渡产生，支部书记任首届股份经济合作社理事长。制定股份经济合作社章程，明确改革后村民委员会和股份经济合作社在村党支部统一领导下，实行"组织功能、选民资格、议事决策、干部管理、财务核算"五分开。村民委员会依法开展群众自治工作，负责村公共服务、社会管理等事务；股份经济合作社代表全体成员按照民主决策、民主管理和民主监督的有关法规和章程行使经营管理权。

四、创新抓发展，打造"聚宝盆"

全村通过农村集体产权制度改革，营造了心齐气顺的发展环境。该村因地制宜创新实践，加强改革成果运用，为农村发展注入了"源头活水"，返乡创业"洼地效应"逐步显现。

一是唤醒沉睡土地资源。要增强农业农村发展活力，就必须管好用好集体资源。为此，合作社在充分学习考察外地先进做法的基础上，投入资金60余万元，整理村内边角余料土地资源500余亩，种植优质水果锦绣黄桃2万余株，并成立了专门护林队，负责除草、施肥、治虫等护理工作。黄桃树首次挂果就收获3万斤，产值达20多万元。

二是用好用活政策资源。整合扶贫、村集体经济发展等财政扶持资金，建成了一个60千瓦的太阳能光伏发电站和20个蔬菜种植大棚，太阳能光伏发电站由合作社直接经营，年收益6万元左右；蔬菜种植大棚采取合作社统一对外发包形式经营，贫困户享有优先承包权，并由合作社铺底种苗、免费提供技术、销售服务，蔬菜种植大棚年发包收入3万元/个，实现了集体经济积累和贫困户增收双赢。

三是积极探索"社企联合"。栽得梧桐树，引来金凤凰。积极争取乡贤支持，合作社与深圳前海中科汇宸硬件开发有限公司共赢合作。由合作社引导农户，将3000亩承包耕地统一流转至合作社旗下，中科汇宸按每亩每年500元标准支付农户土地流转金，双方共同打造福兴村田园综合体项目，以锦绣黄桃种、加、销为主体，实施"一村一品"，发展乡村旅游。按约定，中科汇宸以资金投入的形式占股55%，福兴村股份经济合作社占股45%。在合作社占股中，股份经济合作社集体以农田基础设施入股的形式占股13.5%、各成员以土地入股的形式占股31.5%。

广东省汕头市澄海区莲下镇新寮村：
做活产权改革文章 聚力集体经济发展

新寮村位于莲下镇东南部，共有集体土地 313.65 亩，其中建设用地 293.3 亩，耕地 20.5 亩；共有 154 户、739 人，其中党员 43 人；村内私营企业 60 多家。新寮村作为广东省首批农村集体产权制度改革先行村之一，在成员身份确认、股份合作制改革、发展壮大集体经济、健全集体资产监督管理机制等方面先行先试，严格保护农村集体经济组织成员权利，不断推动农村基层治理重心下移，摸索出了一条适合自身村情民情的改革新路径。截至 2020 年底，集体资产总额 2 098 万元，其中经营性资产 1 363 万元；集体经济收入超 290 万元，人均集体经济收入连续多年位列澄海区前茅。

一、坚持问题导向，抓住改革"突破口"

新寮村地处粤东地区，相对于同类地区其他农村，新寮村集体经济发展相对较好，历史遗留问题多，现实利益关系复杂，协调难度大，改革阻力也大。推进农村集体产权制度改革，确认集体成员身份是关键，也是难点。"出嫁女"问题是新寮村确认集体经济组织成员身份过程中的一个重点难点。多年来，该村"出嫁女"无权享受本村收益分配已成为"约定俗成"，在广大村民甚至"出嫁女"的心中已根深蒂固，甚至被视为理所当然。

改革伊始，新寮村在上级党委政府及农业农村工作部门的指导下，严格遵守法律法规，以农村集体产权制度改革试点为契机，积极化解历史积弊矛盾，把保护本村妇女尤其是"出嫁女"合法的集体资产权益作为开展成员身份确认的重中之重。一是统一村"两委"干部的思想认识。村"两委"多次针对"出嫁女"问题组织召开座谈会，从法律法规、大局观念及利益得失方面入手，做通村"两委"干部的思想工作，力求认识统一、行动一致。二是引导各方达成共识。循序引导退休老干部、党员、村民代表、老年人协会等正确认识和理解改革政策，尤其发挥好党员干部的带头作用，多形式做好政策宣传，多渠道开展交流沟通，促成村民群众逐渐理解、接受并最终达成共识，支持"出嫁女"享受集体收益分配权，形成了一套依法依规、尊重历史、兼顾现实、程序规范、群众认可的成员确认办法。成员身份确认关键难题的解决，有力推动了新寮村集体产权制度改革。

二、立足村情民意，管好改革"明白账"

在科学合理确认集体成员身份基础上，新寮村按照上级部署精神，立足实际，充分发动群众参与，通过民主协商、民主决策，充分尊重集体经济组织成员意愿，制定股份量化方案，积极稳妥推进农村集体经营性资产产权制度改革，将农村集体经营性资产折股量化到本集体经济组织成员，作为成员参加集体收益分配的依据。一是合理配置股权。为化解历史遗留问题，综合平衡各方利益关系，新寮村集体在股权配置上全部设置成员股，不设置集体股。同时，允许符合条件且有意愿的成员出资购股，为减轻成员出资购股的经济负担，将每股"市"值定为2万元，只相当于股值的1/5。二是强化股权规范管理。在折股量化的基础上，充分尊重历史、兼顾现实，统筹考虑村情民意，实行股权动态管理，户口迁出和死亡其股权自然消除，每年年终对股权份额作出相应调整并根据调整情况进行成员分红，避免了因人口增减变动产生新的股份权益诉求矛盾纠纷，维护了农村社会和谐稳定。

三、强化制度建设，明确改革"篱笆墙"

通过改革，新寮村成立了股份经济合作联合社，明确职责，制订章程，健全理事会、监事会议事制度，制定资产经营和管理制度、财务管理和收益分配制度等集体经济组织运行、集体资产管理制度，确保集体经济组织在村党组织的领导和自治组织的支持下，实行民主决策、民主管理、民主监督，充分发挥其功能作用，管理好集体资产、服务好集体成员。同时，为规范农村产权流转和交易，新寮村在汕头市澄海区支持下不断建立健全村级交易平台，根据农村产权流转交易制度安排，实现农村集体产权交易流转全部通过平台进行，促进集体资产公开、公平、公正交易。

四、引入社会资本，找准改革"落笔点"

新寮村抢抓改革发展机遇，充分利用汕头经济特区的政策优势和毗邻镇级工业区的地域优势，一心一意谋求发展，建设东、西两个工业片区进行招商引资，重点引进"三来一补"（来料加工、来样加工、来件装配及补偿贸易）企业，雅丽工艺制品有限公司、新寮米面制品厂等 60 多家企业在该村建厂兴业。村集体通过集体建设用地出租入股、合资合作等方式盘活集体所有资产，经过多年发展和积累，村集体资本金从原来 1 150 万元增加到 5 100 多万元，每年为村集体创收 100 多万元。与此同时，充分利用镇区商贸发展，投资约 400 万元，沿路建成面积约 6 670 平方米的商业店铺面，向村民出租，扩宽了村民增收渠道，每年为村集体创收约 189 万元。目前，新寮村 700 多集体经济组织成员人均年分红超过 2 000 元，且集体成员新农保、新农合、教育、卫生等费用均由村集体给予补贴，进一步提升了群众的获得感和幸福感。

新寮村将通过不断深化农村集体产权制度改革，进一步强化集体经济组织的功能作用，完善农民对集体资产的股份权能，在确保集体资产经营安全的前提下，积极探索完善集体经济运行机制，拓展投资渠道，发展壮大集体经济，促进农村集体资产保值增值和农民持续增收，实现好、维护好、发展好广大农民的根本利益，为推动乡村全面振兴提供强有力的基础支撑。

广西壮族自治区贵港市平南县丹竹镇东山村：
深化改革 激活要素 推进石山变"金山"

东山村位于广西壮族自治区贵港市平南县丹竹镇西部，距离县城10公里，水陆交通便利。全村14个自然屯、44个村民小组，共计3 174户、12 369人，现有耕地4 500亩。东山村资源储备丰富，拥有大量用于制作水泥的优质石灰石资源。2018年启动实施农村集体产权制度改革以来，东山村认真开展资产清查，科学明确成员身份，积极推进股份合作制改革，有效盘活了集体资源，极大调动了集体成员的积极性，大幅增加了农民的收益，真正实现了"点石成金"。2019年底，东山村集体收入达163万元，较2018年增长了83%；村民人均可支配收入达15 307元，比广西平均水平高出2 000多元。

一、精心组织，高效推进农村集体产权制度改革

2018年东山村根据区市县三级党委、政府工作部署，成立了由村"两委"班子、乡贤、致富能人等组成的产权制度改革领导小组，牵头组织开展改革工作。紧紧扭住清底数、定身份、量资产、确份额4个关键步骤，结合本村实际，健全机制、凝聚共识、大胆探索、谨慎推进，通过"三个清单""三个结果书"工作法，扎实推进农村集体产权制度改革。

（一）清产核资，摸清底数。村改革小组制定了清产核资工作方案，全程聘请测绘、财务、法律等相关人员参与核查，明晰产权界址，经由四邻人签字后出具宗地档案。同时，为了确保"三资"清查到位，东山村在清产核资工作中，先收集"三个清单"（即清产核资小组列出实物清单，乡镇相关

财政、水利、国土所等部门提供政府资金项目清单，第三方测绘公司提供集体资源测绘结果清单），再组织有关人员对资产进行评估并出具审核结果，最后将清查结果向全村进行公示并召开村民代表大会表决，表决通过后出具清产核资结果书。经过清查，核实全村集体现有资产 392.33 万元，集体土地 6 844.14 亩。

（二）厘清身份，确定成员。东山村统筹考虑户籍关系、农村土地承包关系等因素，结合村组实际，多次召开户主会、小组会、村民代表大会征求民意，最后召开村民代表大会表决通过成员身份认定办法。按照"开展清查、登记造册、公开公示、确认资格、报送备案"的程序，全面开展摸底调查、张榜公示、签字确认，出具组织成员身份认定结果书，并报镇政府备案。东山村最终认定为集体成员并依法享受集体收益分配的有 11 907 人，认定为非集体成员的有 462 人。

（三）资产量化，股份设置。东山村改革领导小组召集部分村民对股权设置明细进行充分讨论，形成股权设置及量化方案，并提交村民代表大会进行表决通过，公示无异议后出具股权量化设置结果书。在股权设置上只设了人口股和贡献股，贡献股设立的目的是为了鼓励本村经济能人踊跃参与公益事业，弘扬正能量。目前，全村认定的集体成员有 11 907 人，每人配置 1 股，共 11 907 股；另设置 200 股贡献股，合计 12 107 股。

二、创新推进，改革成效稳定民心

东山村在实施集体产权制度改革过程中充分尊重民意，真正让老百姓参与进来，通过群策群力，确保改革工作顺利推进。

（一）摸清了家底，打消了群众疑虑。东山村通过清产核资，将集体"三资"公开公示，让多年未理清的集体资源、资产、资金得以彻底清查，打消了群众对集体资产存量的疑惑，建起了"放心账"，还村干部一个"清白"。在清产核资的过程中，清理了规范合同 45 份，阻止了集体资产贱租贱赁，村集体经营行为得到进一步规范。

（二）确认了成员身份，营造了和谐良好的环境。东山村本着"宜宽则宽"和让更多村民共享改革成果的原则开展身份确认工作，统筹考虑"外嫁女""新嫁妇"及新生儿等不同群体的利益诉求和对本集体的贡献等因素，认定结果得到了村民的一致认可，为全村和谐稳定和下一步组织群众共谋集体发展打下了良好基础。

（三）科学设置股权，保证了成员收益的稳定性。为确保集体成员收益稳定，东山村只设置了人口股和贡献股，贡献股每年有调整，但是由于占比小，对收益的分配影响不大。东山村规定股权采用"生不增、死不减"的静态管理模式，并明确股权变动只能在户内流转，股权收益户内共享，这样既有利于保持股权的稳定性，将冲突缩小到家庭内部，也降低了管理成本。

三、激活要素，"三变"改革力促集体经济焕发新活力

东山村牢牢抓住农村集体产权制度改革的契机，成立股份经济合作社，大力推进"三变"改革促进村级集体经济发展，提高了农民的收益。

（一）做实资源变资产的文章。东山村"靠山吃山"，利用村内拥有大量优质石灰石的天然优势，大力开发石灰石，随着产业的发展逐步延伸到发展石灰炼制、石粉加工、水泥等建材产业，并延伸带动运输业，极大提升了资源开发的市场价值，为村集体和村民带来了丰厚的收益。此外，东山村计划利用废弃矿山治理的契机，引进平南县千湖旅游康养项目，发展休闲旅游，走废弃矿山变绿水青山，绿水青山变金山银山的可持续发展之路。

（二）做足资金变股金的文章。为有效利用各级扶持资金和村集体自有闲置资金，让"钱生钱"，东山村股份经济合作社经过实地调研，瞄准丹竹镇自来水厂经营效益稳定，召开村民代表大会商议，决定由合作社拿出35万元入股丹竹镇自来水厂，投资占该厂股份总额的50%，按年进行利润分配，仅这一项就为村集体每年增收20万元以上。

（三）做好农民变股东的文章。为充分调动各村民小组和农民的积极性，东山村股份经济合作社大力支持村民小组带领群众发展高效农业和入股参与

经营，带动当地经济发展，促进农民持续稳定增收。目前，东山村白沙村民小组将 350 亩闲置河滩地经营权入股平南县柑源水果种植专业合作社种植陈皮柑橘，每年村民小组获利达 16 万元以上；河山村民小组以 60 亩土地经营权入股礼旺石料厂，年收益达 27 万元以上；等等。

四、经验启示

通过开展集体产权制度改革，东山村集体经济得到了飞速发展，村民的腰包"鼓"了，村干部的底气更足了。回顾东山村产权制度改革历程，主要有以下几个特点：

（一）坚持民主集中制原则。在方案制定过程中，东山村多次召开村民小组长、党员代表、村民代表参加的小型意见征求会，反复修改，形成方案，最后提交村民代表大会表决通过。人员摸底上，每户经户主核实签字后，及时张榜公示。重大事项上，清产核资、成员身份确认、股权设置全部由村民代表采用票决制表决。

（二）坚持以人为本。成员界定具有包容性。东山村从为了让更多村民享受改革红利、共享改革成果角度出发，制定成员认定办法，防止多数人侵害少数特殊群体利益，也避免了不符合条件的人侵占集体利益的行为。

（三）坚持指导培训到位。改革工作推进以来，东山村强化组织领导，坚持上下联动，依法规范推进，聘请相关工作人员进行讲解培训、参与和指导，进行科学规划和统筹安排。深入农户家中进行协调沟通，摸清家底，掌握情况，切实把每项工作做细做实，为整个改革顺利进行打下良好基础。

（四）坚持依靠群众。在推进改革工作中，东山村把农村产权制度改革与基层治理、乡村产业发展等进行有效结合，真正让老百姓参与进来，充分发扬群众的知情权、参与权和决策权，发挥全民智慧，最终赢得民心，从而确保改革工作的顺利推进。

海南省三亚市吉阳区博后村：
抓好关键环节 实现"五清"目标

博后村位于亚龙湾国家旅游度假区西南部，毗邻热带天堂森林公园，玫瑰谷、红峡谷高尔夫球场等景区坐落于村庄中，距市区约 20 公里。辖红旗、糖丰、新坡、红光 4 个自然村，8 个村民小组，共 660 户、3 533 人，是一个纯黎族聚居村庄。在市区两级党委的指导下，2019 年 6 月，博后村全面开展农村集体产权制度改革工作，通过宣传发动、清产核资、成员认定、资产量化、组建机构等改革核心环节，实现"五清"，即政策清、家底清、成员清、权责清、主体清。

一、宣传动员家喻户晓，实现"政策清"

农村集体产权制度改革是一项管根本、管长远、管全局的农村重要改革之一，涉及每个村民的切身利益。俗话说万事开头难，在改革初期，有不少村民怕把自家的"一亩三分地"改没了。村党支部书记带领改革工作领导小组全体成员，认真学习《中共中央 国务院关于稳步推进农村集体产权制度改革的意见》和省区市编印的工作流程汇编资料等政策文件，精心组织村组干部积极参加市、区举办的每期业务培训班。村委干部挂点包干入户发放"宣传手册"和"致农民朋友们的一封信"千余份，开展"农村集体产权制度改革宣传周"活动，用通俗易懂的语言给广大村民宣讲政策，增强营造浓厚氛围，将改革政策清清楚楚、明明白白地宣传到家喻户晓，充分保障了农民群众的知情权、参与权、监督权，村民改革意识化被动为主动。

博后村村委干部入户发放农村集体产权制度改革宣传手册

二、全面开展清产核资，实现"家底清"

随着近年来博后村集体经济的不断发展壮大，难免有村民对村集体资产和村委财政"装在一个篮子里"很不放心。因此，借此次改革开展农村集体资产清产核资工作的契机，进一步摸清了村和组的集体资产存量情况，村集体账务管理给村民交了个"明白账"。通过审计和测绘专业技术服务相结合，采用"账面清查、实地盘点、绘制资产一张图"的技术方法，基于地理信息成果数据，创新性地将村集体土地、流转地块及各类不动产的权属、空间位置、面积、地类等属性数据信息绘制成"资产一张图"，原本错综复杂的村集体资产可以直观地呈现给村民，实现"以图管资"。清查结果经村民代表表决签字确认并张榜公示，解决了个别村民不解"钱不知花去哪，地不知有多大"的问题，也为探索实行"村民自治组织和农村集体经济组织职能分开改革"提供了可靠依据。

三、依法民主确认成员，实现"成员清"

博后村地理位置依山傍海、得天独厚，随着民宿产业日益兴旺，村民数量存在"只进不出、只增不减"的现象，"外嫁女"及其配偶、子女等类型人员的认定标准成为全村争论的焦点，农村集体经济组织成员身份界定也成为博后村改革工作的最难点。本着"有法依法、无法依规、无规依民"的原则制定成员认定方案，分为"自动取得、资格保留、资格丧失、其他情形"等4种类型开展成员登记。为确保改革平稳推进，经村委会和村民小组干部进村入户统一思想，多次组织村民开会讨论，表决通过现户籍在本村且世代确实是本村村民的子孙都享受改革发展红利。这种应给尽给的认定氛围，破除了"嫁出去的女儿是泼出去的水"的传统观念，有效维护了农村社会和谐稳定，充分保障了每个成员的合法权益。

四、科学合理配置股权，实现"权责清"

在清产核资和成员认定的基础上，重点将经营性资产折股量化，经测算

博后村新坡三村民小组股份经济合作社召开首届股东代表大会

并民主确定，将历年累积尚未分配的土地承包金作为股本，截至成员认定基准日确定的成员享受分配股权，只设成员股，不设集体股，每人配置1股，人人平等。股权"确股到人、固化到户"，实行"生不增、死不减、进不增、出不减"的静态管理模式。每个成员占有组级1股也占有村级1股，每户颁发2本股权证，作为成员享受村级和组级集体资产利益分配的有效凭证。村集体资产量化确股颁证，赋予了成员对集体资产的占有权和收益权，为探索股权有偿退出及抵押、担保等权能创造了必要条件，也化解了村集体收益分红分配不均"伤感情"的大难题。

五、建立健全组织机构，实现"主体清"

2020年8月，博后村股份经济合作联合社和8个村民小组股份经济合作社挂牌成立。博后村积极全面落实改革任务，明确了农村集体资产经营主体，明晰了农村集体经济组织与村民委员会之间的职能关系，为健全乡村治理体系，实现和维护成员的合法权益，促进农村社会和谐稳定夯实了基础，为实施乡村振兴战略打开了新局面。博后村因地制宜发展民宿业，成为全省最大、全国最美民宿村之一。2020年，全村各小组实现集体收益分红人均400元至2900元不等。

重庆市长寿区渡舟街道果园村：

"三清"促"三化"产权制度改革带来新变化

果园村位于重庆市长寿区渡舟街道东南部，面积 3.59 平方公里，耕地面积 2 300 亩，林地 1 170 亩，下辖 10 个村民小组、845 户、2 334 人，以水稻和蔬菜种植为主。开展农村集体产权制度改革试点以来，果园村在村党支部统一领导下，组建农村集体产权制度改革工作小组，紧紧围绕"家底清、人员清、程序清"的"三清"工作原则，实现了农村集体资产清产核资"精准化"、成员身份确认和股权设置"明晰化"、集体经济组织运转"制度化"。2020 年村级集体经济收入达 5 万元，农村居民人均可支配收入达 10 550 元，高于全区平均水平。

一、立足"家底清"，农村集体资产清产核资实现精准化

（一）健全组织机构，夯实清查基础。成立以村党支部书记为组长，村委会主任为副组长的果园村集体产权制度改革工作领导小组，下设 11 个村级和组级清产核资工作小组。在深入学习相关政策的基础上，组织村民共同学习《长寿区农村集体资产清产核资指导意见》《长寿区村级集体经济组织示范章程》等有关文件，力求吃透政策，把准工作重点和难点；牵头研究制定《果园村集体资产清产核资工作方案》，明确了任务重点和时间节点。

（二）合理评估资产，摸清集体家底。以 2017 年 12 月 31 日为节点开展账面资产清查，结合资产负债表认真分析本村资产情况，对账面债权债务重新核实确认，对账面资产进行核对和重新估值，对呆账死账提出核销意见。

同时，以第二次全国土地调查数据为基础，结合全村发展实际开展资源性资产清理和评估，摸清了资源性资产情况。全村共清查核实集体资产 100 万元，其中经营性资产 2.5 万元，非经营性资产 97.5 万元。

（三）建立资产台账，进行精细管理。建立年度资产清查制度、定期报告制度和台账管理制度，将集体资产按照经营性、非经营性和资源性 3 个类别分类登记，实行台账管理。同时，依托市级农村集体资产管理信息系统，逐步建立起产权明晰、权责明确、民主监督、科学管理的集体资产管理体制和运行机制，对集体资产实行精细化管理，确保集体资产的保值增值。

二、立足"人员清"，身份确认和股权设置实现明晰化

（一）创新宣传方式，广泛发动群众。除召开会议、悬挂横幅标语和分发宣传资料等常规宣传动员方式外，还通过建立 1 个微信群和运用 10 个电话簿开展宣传。明确专人负责微信群管理，做好政策传达、疑惑解答和人员身份信息收集；10 个村民小组长通过本组电话簿，提前 1 天通知本组村民参加本村各类会议，让更多的村民参与到确认工作中来，充分调动村民积极性和主动性。

（二）制定实施办法，明确操作标准。在初步摸排本村人员结构基础上，经过村民自主充分讨论，确定了《果园村农村集体经济组织成员身份确认及股权设置办法》，对集体经济组织成员身份的取得、保留和丧失，股权设置和股权管理等做出了规定。在股权设置上，采取时段法设置个人股份，包含成员股、分红股和集体股 3 类股权，并且明确 3 种股权可相互转换；股权管理上，成员家庭户实行"增人不增股、减人不减股"的静态管理模式，新增人口共享户内股份，并取得成员资格，分红股家庭户新增人口可通过继承获得分红股。

（三）设置特殊股权，精准界定成员。创新设置"全部征地不参与，部分征地少设股"的征地农转非人员股权处置办法和"公职人员就职即丧失身份"的公职人员股权处置办法，明晰了从一般人员到特殊人员的成员身份确

认和设置股权的区别，实现了成员界定的精准化。全村确认村级集体经济组织成员 1 538 人，成员户 549 户；设置股份 37 721.2 股，其中成员股 34 788.4 股、分红股 1 208.8 股、集体股 1 724 股；量化资产 100 万元，其中成员股本 92.22 万元、集体股本 4.57 万元。

三、立足"程序清"，集体经济组织运转实现制度化

（一）严格执行程序，组建集体经济组织。严格按照集体产权制度改革

果园村股份经济合作联合社召开成员代表选举会现场

果园村党支部对《成员身份确认和股权设置办法》进行审议

果园村股份经济合作联合社第一届第一次成员代表大会

试点工作程序成立选举委员会，由选举成员会组织力量到各村民小组选举成员代表49人，再由成员代表大会选举产生理事会成员15人、监事会成员3人。选举委员会起草了《果园村股份经济合作联合社章程》，提交成员代表大会通过后，按程序组建了果园村股份经济合作联合社，领取了集体经济组织登记证，增强了村集体经济组织的凝聚力。

（二）完善规章制度，推进组织常态运转。按照《关于发展壮大村级集体经济的指导意见》要求，进一步健全村集体经济组织民主决策、经营管理、收益分配、风险防范、资产监管、财务监管等制度。切实用好农村集体资产清产核资管理、集体经济组织登记赋码管理等系统和监督管理平台，不断提高集体资产、集体经济组织成员、财务会计核算等管理的信息化水平，实现了村集体"三资"管理的常态化。

（三）聚集各方合力，发展壮大集体经济。围绕果园村景区、商区、产区、产业等优势，以果园村股份经济合作联合社为平台，采取土地入股的模式，与重庆伍舟建材有限公司合作，盘活闲置土地和山坪塘资源，村集体经济不断发展壮大。2019年，实现村集体经济收入2.38万元，户均分红540元，解决周边农户50人就业问题，集体经济组织成员有了实实在在的获得感。

重庆市开州区临江镇福德村：

"一分一毫"核资产 "一五一十"定成员

福德村位于重庆市开州区临江镇西部，距临江集镇 10 公里、开州城区 30 公里，幅员面积 7.9 平方公里，其中耕地面积 5 031 亩，下辖 11 个村民小组，户籍人口 1 380 户、4 840 人。2017 年 11 月，启动农村集体产权制度改革，村"两委"干部坚持用脚步丈量初心，广泛发动党员和群众"一分一毫"地把集体资产核算出来，"一五一十"地把集体经济组织成员确定下来，"一人一股"地把集体经营性资产量化出来，集体资产得到有效盘活，集体收入实现翻番，村民的幸福感和获得感不断增强。

一、把好"三个关口"，改革质量有保障

在改革过程中，福德村重点把好"三个关口"，高质量完成了改革的"规定动作"。

（一）把好清产核资关，确保集体资产家底清。成立集体资产清查小组，采取以会计账为依据、实物盘点同核实账务相结合的方式开展资金、资产的清理，对资源性资产做到摸清底数、查明数量及权属。以 2019 年 12 月 31 日为时点，全村集体资产总额 737.91 万元，其中经营性资产 400 万元。

（二）把好人员分类关，确保集体成员身份清。严格遵循"尊重历史、兼顾现实、程序规范、群众认可"的原则，按照"宜宽不宜窄、群众商量办"的办法，统筹考虑户籍关系、农村土地承包关系、对集体积累贡献等因素，协调平衡各方利益确认集体经济组织成员 5 212 人。

（三）把好配股赋权关，确保权利义务关系清。在充分征求群众意见基础上，确定"一人一股"股权配置办法，设置成员股 5 212 份。股权管理上，坚持量化到人、确权到户，实行不以人口增减变动而调整的静态管理模式。2019 年 1 月，福德村领取了开州区第一张农村集体经济组织登记证，有了合法"身份证"。

二、探索"三项机制"，改革创新破难题

在改革过程中，始终尊重群众首创精神，充分发挥群众主体作用，探索出"四统四分五联"机制，着力破解改革难题。

（一）"四统"夯基，筑牢"资源要素池"。一是统一规划建设。聘请专业团队对"三生"空间进行系统设计，规划形成"一轴两心三组团"空间布局。全村打破地界，对"簸箕田""鸡窝地"实施集中整治、宜机化改造，装备现代农业设施，升级改造路、水等基础设施。累计硬化油化公路 38 公里，整治山坪塘 48 口，宜机化整治土地 2 000 亩，配置大型农机 27 台套，建成柑橘果园 3 700 亩，其中智慧果园覆盖 2 000 亩，柑橘果园水肥一体化设施实现全覆盖。二是统一技术标准。制订柑橘、再生稻、稻蟹综合种养等标准化生产技术规程，印成技术台历指导管护小组规范生产，建立全过程生产管理台账。智慧柑橘园节水节肥 70% 以上，农产品例行监测合格率 100%，沃柑、再生稻等农产品获绿色食品认证。三是统一品牌营销。注册"福德椿"商标，建成 2 000 平方米果品冷链加工厂，开发橙汁、果醋、果酒等精深加工产品。探索"互联网 +"特色农产品销售模式，加强与阿里、京东等线上新媒体合作，积极参加中国农产品交易会、西部（重庆）农产品交易会、三峡药博会等展示展销活动，形成线上线下共同发力的营销格局。四是统一运行管理。健全理事会、监事会、成员代表大会等组织机构，完善合作社章程、民主决策、经营管理、收益分配、风险防控、资产管理、财务监管等 7 项管理制度。严格按股份合作制企业方式运行，坚持民主表决程序，确保运行规范。"四统"有效解决了分户经营中基础设施建设力不从心，小农户与现代农业脱节，一

家一户无法集聚资源要素的矛盾，破解了新时代下"统"得不够的难题。

（二）"四分"齐推，构建"利益共同体"。一是三权分置。土地所有权归集体，承包权归农户，经营权入股到村集体经济组织和柑橘种植股份合作社，按股分红。全村 1 387 户农户 3 700 亩土地经营权流转到合作社，盘活了土地资源，促进了规模经营，福德村柑橘种植股份合作社获评全国农民合作社示范社。二是产业分区。村集体经济组织作为"统"的主体，家庭农场作为"分"的单元，将全村作为现代农业平台进行集中打造，包装储备项目 32 个、完工 20 个。目前已建成柑橘标准化基地 3 700 亩、优质再生稻 1 000 亩、稻蟹综合种养基地 300 亩、肉牛养殖 300 头，特色产业已见雏形，在确保粮食生产能力前提下，粮经比由 9:1 变为 3:7。三是管护分组。柑橘果园实行"大基地＋小单元"管护模式，通过民主公开推选方式，自愿搭配组合，组建 38 个产业管护组，每个组推荐 1 位组长，以家庭农场方式分片管护经营，各农场有 1 名农场主（场均经营面积 80 亩）。四是股份分配。农户流转到合作社的土地按地力 200—400 元／亩折算股金，以 10 年流转费为股本，10 年土地经营权入股和 110 万元现金入股按 20 元／股折算；财政投入到农村发展类、产业扶持类资金村集体经济组织持股 51%、土地入股农户持股 49%。"四分"增强了小农户参与集体经济发展的内生动力，彻底扭转了过去出工不出力现象，果园管理运行高效、灵活便捷，实现了标准化、精细化管护。

（三）"五联"互动，共绘"创富同心圆"。一是计酬联产。按合作社统一管护规程，对 14.85 万株柑橘实行每株 6 元定额管护经营，小组长和农场主报酬由"当年管护定额报酬＋投产后浮动报酬（所在单元投产后同合作社发生的交易量关联，未投产年在投产后补发）"组成，成本、效益分场核算。二是三社联合。率先在全区开展"三社融合"试点，着力解决"生产、流通、金融"不匹配问题，构建一体化社会服务体系。基层供销社供应农业生产资料化肥 600 余吨、农膜 35 吨、种子 50 余吨，回收废弃农膜 32 吨；农商行发放信贷资金 16 户、225 万元；建设银行首笔授信合作社 50 万元。三是开放联智。积极开展国际合作，与荷兰农民生产者协会签订"合作社共建项目"，3 年合作期间，聘请国际知名专家对发展规划、技术培训、市场推广策划、财务管理等方面进行重点培训指导，提升合作社可持续发展水平。与中国柑橘研究所合作在全区率先建成柑橘智慧果园，让手机变成新农具。四是治理联动。探索建立村党支部引领保障、村委会依法自治、村务监督委员会监督问效、集体经济组织市场运作和专业合作社章程治理的“五方共治”模式，推动解决土地流转、产业发展、矛盾化解、利益分配等难题，构建形成“群众说了算、群众看着办、群众参与干”的议事、决策、监督“三治”融合新格局。五是利益联心。柑橘股份合作社利益按纯利润的8:1.5:0.5的比例进行分配，80%的利润作为当年效益按股分红，15%的利润作为风险预留金，5%的利润作为村集体提留资金。集体经济组织与经营主体联营按双方签订的合股联营协议规定进行分配。集体经济组织内部按集体经济组织章程规定分配收益。“五联”加强了小农户与社会化大生产、现代山地效益农业的紧密联结，巩固拓展了“统分”有机结合成果。

三、产生“四个变化”，改革成果共分享

通过集体产权制度改革，逐步构建起了归属清晰、权能完整、流转顺畅、

福德村投资建设稻蟹（虾）综合种养基地

福德村大力发展柑橘产业

保护严格的集体产权制度，打造了股份农民"福德"样板，农业强、农村美、农民富的美丽画卷逐渐展现。

（一）精准扶贫新模式。收益分配上，将产业专项扶贫资金项目获得的村集体经济收益，提取25%优先分配给91户贫困户，同时，贫困户还通过产业平台和股权纽带，获得股份分红，享受"多重待遇"。长效机制上，鼓励贫困户担任产业管护带头人、管护作业组长，通过专业培训和重点培养，12名贫困户变成技术骨干、致富能手。

（二）产业结构新调整。福德村建立起柑橘标准化基地3 360亩、优质再生稻1 000亩、稻蟹（虾）综合种养基地300亩，特色产业初见雏形，粮经比由9:1变为3:7，农业产业结构以粮为主的特征逐步向效益型转变。

（三）集体经济新发展。以福德村股份经济合作联合社为资产运营管理平台，对内组建合作社，成立劳务服务队，建立完善一体化社会服务体系，大力发展柑橘产业；对外通过产业项目与福意德农业发展有限公司、帅乡红智慧农业开发有限责任公司等企业开展合股联营，养殖稻蟹、肉牛。2019年，首批栽植的1 300亩沃柑已上市销售，产量约40万斤、产值达130万元，村集体收入7.67万元，分红1.97万元，摘掉戴了多年的"空壳村"帽子。

（四）治理体系新格局。在村党支部的领导下，以村民小组为单元建立

福德村形成了"群众说了算、群众看着办、群众参与干"的乡村治理新格局

13个自管小组，形成村党支部引领保障、村委会依法自治、村务监督委员会监督问效、集体经济组织市场运作、专业合作社章程治理的"五方责任主体"，重大决策群众表决、改革过程群众监督，真正做到产业发展户户参与、收益分配人人有份，初步形成了"群众说了算、群众参与干、群众监督办"的乡村治理新格局。

福德村的探索和实践给我们改革带来几点启示：一是要夯实"三个基础"。要夯实规划基础，做好顶层设计；夯实组织基础，强化人力智力支撑；夯实群众基础，实现勠力同心。二是要用好"三权"。确权是基础，赋权是核心，易权是关键。三是要注重"三个转变"。要从行政推动向市场运作转变，从注重外部帮扶向激活内生动力转变，从财政直接投入向撬动社会资本转变。

四川省甘孜州理塘县奔戈乡卡灰村：
一个牧业村的集体产权制度改革之路

卡灰村是一个纯牧业村，位于四川省甘孜州理塘县西南的奔戈乡，距县城 20 公里，海拔 4 014 米。2017 年该村开展农村集体产权制度改革，成立理塘霍曲牧场股份经济合作社，草地资源 33 万亩，账面资产 4 125.09 万元；成员 178 户、1 143 人，其中 2016 年建档立卡贫困户 40 户、207 人。

一、全面开展清产核资明确集体家底

卡灰村的集体资产形成较为特殊。2001 年，理塘县实行大村化小村政策，将卡灰村拆分成阿扎、安戈和卡灰 3 个行政村，分别设置党支部和村委会，财政转移支付资金实行单独会计核算，但是原有的 33 万亩草地资源没有分开，仍属于全体成员集体所有。2014 年，甘孜州实施现代畜牧业重点示范县建设，在 3 个小村进行试点，陆续形成村部、道路、牧民安居房等非经营性资产，以及牲畜大棚、生产用房、酒店宾馆、储草架、割草地等经营性资产。2017 年，理塘县开展农村集体产权制度改革试点，考虑到阿扎、安戈和卡灰 3 个小村地域相连、草地共享、人员混居，特别是集体资产都是财政项目形成的资产，由 3 个村共同使用，因此将这 3 个小村又合并为卡灰村。通过全面清查核实、张榜公示、登记造册，并经村集体成员代表会议审核等环节，最终确认卡灰村集体账面资产 4 125.09 万元，其中经营性资产 1 656.68 万元，非经营性资产 2 468.41 万元；草地等资源性资产 33 万亩。

二、统一基准日规范开展成员身份确认

卡灰村成员身份确认的基准日为 2017 年 8 月 1 日。成员身份确认比较简单，因为藏区牧民受语言限制，一般都在本村生产生活，外出务工经商较少。该村成员身份确认以户籍为依据，采取宜宽则宽的政策，只要户籍为本村的农业户口，不论是否享有草地承包经营权，都直接确认为成员。有一个在监狱服刑人员虽然注销了户口，也确认为成员。全村经过摸底调查、张榜公示、民主协商、成员大会审议等程序，共确认集体成员 178 户 1 143 人，其中，阿扎村 84 户、543 人，有贫困户 17 户、88 人；安戈村 58 户、351 人，有贫困户 15 户、78 人；卡灰村 36 户、249 人，有贫困户 8 户、50 人。

三、合理折股量化资产建立股份经济合作社

卡灰村折股量化的资产为经营性资产，共计 1 656.68 万元，将其作为总股本，按照"人人有股、量化到人、颁证到户、静态管理"原则折股量化集体资产，以户为单位颁发股权证，成立理塘霍曲牧场股份经济合作社，在农业农村部门领取登记证书。股权设置，按照总股本的 7∶2∶1 配置，每股 1 元。即成员股 70%，股本 1 159.67 万元，全体成员 1 143 人，每人 10 146 股，价值 10 146 元；集体股 20%，股本 331.34 万元，用于扩大再生产、弥补亏损、公益事业、福利等；贫困户股 10%，股本 165.67 万元，40 个贫困户每户 41 417 股，价值 41 417 元。贫困户股采取一年一评、动态管理，脱贫后股权归集体所有，贫困户只享受成员股权分红。

四、盘活经营性资产增加农牧民收入

为有效经营集体资产，增加农牧民收入，该村将集体所有经营性资产作为投资成立"卡灰旅游专业合作社"，在工商登记为农民专业合作社，集体

统一饲养牛羊，定期出栏；夏季种植须草，对牧民销售；每年6—9月搞乡村旅游，统一分配游客住宿、餐饮和骑马体验等。卡灰旅游专业合作社的资产由集体入股1 656.68万元、174户成员入股158.53万元组成，共计1 815.21万元，集体控股91.3%。通过民主协商，建立盈余分配制度，并在理塘霍曲牧场股份经济合作社章程中加以明确。当年专业合作社有盈余，首先，弥补上年亏损，弥补后若没有盈余则不再分红。其次，提取15%的公积金公益金。最后，剩余的85%向成员分红，其中40%上交村集体，由村集体按照成员股权分红；60%按174户成员各自出资比例进行分配。2017年，霍曲牧场股份经济合作社收到卡灰旅游专业合作社向集体上交的155万元利润，其中牲畜出栏收入67.5万元、宾馆房屋出租收入22万元，集体割草地卖草收入51.5万元，旅游风情体验餐饮娱乐收入14万元。2018年集体经营性收入120万元。全村户均分红2 700元，贫困户人均分红350元。目前，40户贫困户已经全部脱贫。

五、几点启示

一是构建起集体与所属企业两级产权关系。卡灰村通过集体产权制度改革，成立理塘霍曲牧场股份经济合作社，明确了集体资产所有权和成员边界，由其作为经营管理集体资产的主体。将优良的经营性资产投资入股建立农民专业合作社运营集体资产，探索出集体经营、利益共享、盈余按股分配、用工按劳取酬、风险共担的股份合作经营新模式，为川西纯牧区探索出了一条产业脱贫的新路子。

二是创新产权模式让牧民有更多获得感。通过对集体经营性资产进行股权量化，使牧民集体资产收益权落到实处，使缺乏现代劳动技能的牧民和贫困户有了基本的生活保障，他们比以往更加关心村集体和合作社的发展，纷纷为村集体和合作社的发展献计献策，主人翁意识、大局观意识更加强烈。

三是化解牧区矛盾促进牧区和谐稳定。卡灰村改革后建立起了股东大会、理事会、监事会，实行民主决策、民主管理体制和运营机制，成员按股拥有合作社股权，从根本上消除了少数人违背多数人意愿随意处置资产隐患，从源头上遏制腐败现象的产生。

四川省德阳市罗江区白马关镇万佛村：
产权改革拓新路 统筹资源促发展

四川省德阳市罗江区白马关镇万佛村位于著名三国蜀汉文化旅游景点白马关景区内，毗邻万佛寺，与全国重点文物保护单位庞统祠遥相呼应。万佛村幅员面积11.3平方公里，辖10个村民小组，1 193户、3 245人，耕地面积5 877亩，2020年人均纯收入18 272元，是2019年度四川省实施乡村振兴战略工作示范村、四川省改革创新名村。2017年以来，万佛村以农村集体产权制度改革为契机，摸清集体家底、明晰农村集体产权，实现集体资产"人人有份"，进一步凝聚农民群众力量，形成发展壮大村级集体经济强大合力。通过改革，万佛村集体经济收入从2017年的不足10万元，发展到2020年的160余万元，带动村民人均增收超5 000余元，预计2021年村集体经营收入超200万元，村集体经济发展驶入快车道。

一、严抓规范，3个关键定基础

长期以来，农村集体资产存量不清、账实不符等问题普遍存在，全面摸清集体家底存在一定难度。为此，在县级农业农村部门指导下，万佛村深入学习中央、省、市、区相关政策文件，吃透政策要求，抓住了清产核资"三个关键"。

（一）创新工作机制。在改革中充分发挥基层党组织作用，民主推选村务、组务"定向议事员"代表，创新"组自查、定向议事员复查、村'两委'核查"工作机制，通过层层核实，有效杜绝资产清理不全、资产盘盈（亏）程序不规范等问题，确保了清产核资工作质量。

（二）严格清理程序。按照农业农村部清产核资系列报表要求，全面清理集体资产，清产核资结果严格向村民张榜公示，并召开村民代表大会确认通过，最后由参会成员签字确认。

（三）及时规范管理。对清理出的资产，分类登记造册，并移交乡镇"三资"管理服务中心，委托其将集体资产情况在德阳市农村集体"三资"信息化监管平台进行更新。经清理，万佛村集体资产总额161万元，集体土地总面积5 037亩。通过清产核资，摸清了集体资产底数，为管好用活集体资产奠定了坚实基础。

二、突出民主，分类管理解难题

万佛村将成员身份确认作为改革关键环节，通过实施"分类民议"定员机制，解决了成员身份确认各类突出矛盾问题，赢得了群众对成员身份确认结果的认可。

（一）制定确认办法。万佛村按照"依据法律、尊重历史、兼顾现实、程序规范、群众认可"的原则，参照《四川省集体经济组织成员资格界定指导意见》，制定本村成员身份确认办法，突出以常住户籍登记为基础，以政策法规为依据，以村规民约为参考，以定向议事代表意见和村民大会决定为结果，科学确认集体经济组织成员身份，顺利完成成员确认工作。

（二）分类确认成员。万佛村为典型的"嫁不出村"传统村落。因成员身份确认涉及"外嫁女""上门婿""空挂户"等特殊利益群体，为尽可能保证成员利益，充分利用民主决策和定向议事机制，分门别类将"外嫁女"留户的及仅有一女招婿的确认为成员；对于有儿有女或多女招婿的及利益驱动入户的"空挂户"，由村集体经济组织民主议定是否确认为成员。经民主公开程序，全村共确认成员1 701人，其中对137名特殊情形人员进行了商议、研判、投票，对87名有户籍未确认人员进行了面对面沟通，对15名重复确认人员进行了多占退出。

万佛村民主决策确认成员身份

（三）合理设置股权。按照公平、公正、公开原则，万佛村以份额形式，将集体经营性资产 30.85 万元和未承包到户的资源性资产 196.84 亩量化到本集体经济组织成员，每人持 1 股经营性资产和资源性资产，每股分别值 180.72 元、0.12 亩。采取"量化到人、固化到户"和"生不增、死不减，进不增、出不减"的静态管理办法，同时建立股权台账，并以户为单位为成员印制股权证。

三、健全机制，利益联结聚合力

为让集体经济组织成员真切感受到自己是村集体经济发展的一分子，万佛村建立了"三会"制度，完善了利益联结机制，通过规范化运行，实现共治共享村集体经济发展成果。

（一）健全组织运行机制。万佛村通过召开成员（代表）大会，选举理事长、副理事长，建立理事会、监事会、成员代表和成员大会制度，并参照《四川省农村集体经济组织示范章程（试行）》制定了集体经济组织章程（以下简称《章程》）。

（二）赋予市场主体地位。为盘活集体资产，2017 年，万佛村在农村集体资产股份合作制改革试点中成立了村集体资产管理公司。2020 年 4 月更名为罗江区白马关镇万佛村股份经济合作联合社，由县级农业农村部门进行登记赋码颁证，让农村集体经济组织有了合法"身份证"，与其他市场主体平等开展市场经营活动，实行自主经营、独立核算。

（三）完善利益联结机制。按照《章程》规定，公积金、公益金和管理费的提取比例分别为当年可分配收益的 15%、5% 和 10%，当年度集体资产的净收益在弥补亏损、提取公积金和公益金后，主要用于本集体经济组织成员分配，规定成员收益分配比例不低于 10%，目前分配方式主要为增加成员股本。同时形成闲置资产入股分红、土地流转获取租金等多元化收入机制。

四、统筹资源，齐心协力促发展

通过产权制度改革，有效调动了村民"主人翁"意识，让村民成为主体，变被动为主动融入集体发展。

（一）盘活闲置农房。2018 年，村党支部发动村民自愿将全部或部分闲置农房出租给村集体经济组织，收取租金获得收益，或将房屋评估作价入股参与收益分配，由村集体经济组织引进专业公司进行统一规划，在充分保留原农房特色基础上，打造禅意民宿，农民、村集体、公司按股进行收益分配。目前，由村集体牵头，改造闲置农房 50 余套，建成民宿 12 户、18 间，盘活闲置农房 2 400 平方米，2020 年参与农户户均增收约 4 000 元，村集体增加收益 20 万元。

（二）开展土地整理。村集体已流转土地 600 余亩，涉及农户 200 余户，通过实施高标准农田建设等方式完善基础配套设施，引进业主连片种植早晚熟脆桃、黄桃、李子、贵妃枣等经济作物，提高农业规模经营效益。2021 年，预计增加村集体收入 36 万元，涉及农户户均增收约 1 200 元。

万佛村连片种植贵妃枣等经济作物，提高农业规模经营效益

（三）推动农旅融合发展。通过产权制度改革，万佛村充分发挥集体经济组织引领作用，采取"村集体＋农民＋专业公司"模式，盘活闲置农房，吸引企业家、设计师、大学生、退伍军人等各类新农人下（返）乡创业，形成特色民宿产业，延伸了乡村旅游产业链条，助推了以民宿为主的乡村旅游产业发展。目前，全村已建立农业产业园8个，培育新型家庭农场10余家，新增功能业态景点2处，形成生态农产品精品采摘线路2条，发展农家特色餐饮3家，全村年接待游客量达30余万人次，综合旅游收入超1 000万元，人均增收5 000余元，并吸引了来自成都、北京等地的众多客商前来洽谈合作事宜，形成农村有产业、集体有事业、农民有就业的乡村发展良好势头。

贵州省毕节市大方县凤山乡银川村：

抓实"五资" 发展壮大村级集体经济

贵州省毕节市大方县凤山乡银川村位于大方县城东部，距县城12公里，全村总面积10.5平方公里，辖6个村民组644户、2 082人，其中，建档立卡贫困人口164户、517人，有党员71人，建有党总支1个，产业党支部3个。2019年，银川村成立村集体股份经济合作社，积极探索"抓资源'转资'、抓项目'注资'、抓对外'引资'、抓群众'增资'、抓联营'合资'"的"五资"模式，不断壮大村集体经济，带领群众增收致富。

一、抓资源"转资"

统筹推进农村集体产权制度改革、农村土地承包经营权、林权、集体土地所有权、集体建设用地使用权、小型水利工程产权等农村各类产权确权颁证，确认全村土地（含林地、荒山）总面积14 460.04亩（其中集体林地1 926.11亩），集体建设用地50亩、房屋1 500平方米、广场3 000平方米、小型水库15亩，核实固定资产298.64万元、经营性资产647.5万元。将集体资源、资产、资金作为原始资本，确认1 873名成员"持股入社"。

二、抓项目"注资"

抢抓脱贫攻坚机遇，争取农业产业资金4 000余万元，建成存栏1 500头规模的安格斯牛育种场，发展猕猴桃2 200亩（套种辣椒1 500亩）、冬荪

10 万平方米、跑山鸡 1 万羽；争取基础设施建设资金 1 300 余万元，实现组组户户通水泥路，群众全部住上安全房、喝上安全水；争取农村综合环境整治资金 800 余万元，启动庭院改造、乡村旅游等项目，厕所革命覆盖率超过 90%。

三、抓对外"引资"

坚持村集体领办，多方合作，依托景观、人文、土地等资源，对外引进县农旅投公司投资 1 840 余万元，带动 76 户群众通过"创业贷"入股 760 万元，启动"五营盘屯兵遗址"旅游项目，项目建设初期预分红 47.3 万元；招商引入水西阳光公司投资 1 300 余万元共同发展猕猴桃产业；引入社会资金 300 万元，群众入股 54 万元建设"银川新村"避暑旅游项目。

四、抓群众"增资"

村集体股份经济合作社领办冬荪种植基地，带动 100 余户群众出资 450 万元，扩大冬荪种植规模，实现增加农民收入和壮大村级集体经济"两个效益"一起要。全村建档立卡贫困户 164 户、517 人全部加入村集体股份经济合作社，按 1:2:7 比例明确奖励资金、留存资金和股东分成（二次分配：分红金 40%、发展金 40%、公积金 10%、管理金 10%），实现贫困户和村集体"两个联结"一起抓，发展基金和风险基金"两个基金"一起建。

五、抓联营"合资"

按资本化运作，先后成立 3 个农民专业合作社、1 个劳务公司、1 个商会，分工分业发展一二三产业。强化与龙头企业、农民合作社和致富大户混合经营，注册"马干山""五营盘"等商标，建立电商平台和"乌蒙山宝·毕节珍好"等线下实体店，推动农产品向农商品转换，累计盈利 40 余万元。

　　通过抓实"五资"模式夯实了全村发展基础，提升了乡村治理水平，村集体经济收入达 42 万元，群众人均纯收入达 11 735 元。银川村先后荣获全省"十百千乡村振兴示范村"、全市"文明村"和全县"脱贫攻坚先进党组织"等称号。

云南省昆明市宜良县狗街镇小哨社区：

糊涂资源变成金山银山 彝汉村民共享改革红利

小哨社区位于宜良县狗街镇南部，距离县城 29 公里，海拔 1 860 米，耕地面积 21 062 亩，林地面积 15 333 亩，森林覆盖率近 72.8%，社区彝族人口占总人口的 36%，属于典型的彝汉杂居社区。该社区充分用好民主自治手段，全面清理和规范村集体资产合同，收回村集体"金山银山"，实现了资源变资产、资金变股金、农民变股民，有效落实了农民集体收益分配权，让群众实实在在享受到了产权制度改革带来的"红利"，是云南省第一家以野生菌为特色的生态旅游村，2016 年、2017 年、2018 年连续 3 年被评为全国生态文明村。

一、清产核资——让集体资产资源不再糊涂

小哨社区以解决集体历史遗留问题为突破口，以程序化推进产改工作为主攻点，以盘活农村集体资源为大方向，以增强集体经济发展活力为总目标，扎实推进农村产权制度改革工作。一是开展"三个专项整治"。在县委县政府的支持下，开展"私开乱挖"集体土地、不规范合同清理、重点矛盾和问题化解"三个专项整治"，重点对不规范合同进行了梳理，共梳理出黄泥田村小组、大狗黑底村、上白水田村集体经济遗留问题 3 件，且均与村集体无力支付村庄基础设施建设工程款项，意将林地资源低价承包用以抵付工程款项有关。二是充分发挥群众主体作用。小哨社区以"引"为方式、以"导"为方向，组织召开村民大会，按照"四议两公开"原则，组织村民就"盘活

农村闲置资源"问题开展"一事一议"。以大狗黑底村、上白水田村、黄泥田村小组集体经济遗留问题为突破口，将长期搁置的争议山林资源"洗牌"后重新进行承包，成功收回违规承包山林的经营权，挽回村集体的损失，也赢得了群众对社区干部的信任，大大增添村集体经济发展活力。三是理清集体资产。在重新明确争议山林的经营权属后，摸清集体资源底数，打牢小哨社区进行产权制度改革的基础。清产核资后小哨社区资产为2 283.45万元，比清产核资前增加了345.55万元；债务为121万元，比清产核资前减少了10万元；债权为47.4万元，比清产核资前增加了21.7万元；共有集体林地1.53万亩，集体林地面积不增不减。

二、身份认定——让群众有了归属感

小哨社区以法律法规政策为依据，以村规民约为参照，以民主决策兜底为原则，制定了《小哨社区农村集体经济组织成员身份认定工作方案》。一是尊重历史。统筹考虑户籍关系、土地承包关系、生产生活关系、对集体积累作出的贡献等因素，协调平衡各方利益，合理确认集体经济组织成员身份，做到全面、准确、不遗漏。二是照顾现实。兼顾各类成员群体的利益，特别注重保护妇女、儿童等弱势群体的利益。既防止成员确认出现"多头占"或"两头空"的现象，又防止出现多数人侵犯少数人利益的现象。三是规范程序。严格遵照成员身份认定操作程序，在本社区产权制度改革工作组的基础上，吸收部分熟悉情况的村民代表成立成员身份认定调查小组，负责成员身份认定工作。按照摸清底数、发布公告、会议表决、民主决策、登记造册、审核公示、规范档案和上报备案等程序，小哨社区8个居民小组共确定集体成员1 519人，没有因成员身份认定发生上访事件。

三、股权设置——让责权利更加明晰

成员身份确定后，各居民小组按照一定原则将资产资源进行折股量化，

小哨社区集体成员领取股权证书

股权管理实行"生不增、死不减"的静态管理方式,将股权分配到集体经济组织成员手中。一是坚持民主决策。社区"两委"充分发挥"四议两公开"制度优势,组织党员群众召开村民代表大会和党员大会,就"盘活农村闲置资源"问题进行讨论。二是坚持因村施策。以经济遗留问题为突破口,经研究,黄泥田村小组和上白水田村小组决定以按股筹资支付承包款的方式,集资偿还合同承包款,将山林承包经营权收归集体;大狗黑底村决定以工程欠款为股本,向村民发股集资,将筹集到的钱偿还了工程款,山林的承包经营权回归集体。例如,大狗黑底村有集体森林面积 3 600 亩,2018 年 5 月确有成员273 人,按平均每人一份 13.18 亩的面积折股量化到每一个集体经济组织成员,设有成员股 273 份;另外,通过向村民发股集资 40 万元赔偿老板工程款,每股 5 000 元,设有现金股 80 股。三是及时颁发股权证书。向村民颁发股权证书,并告知村民其领取的股权证书在占有集体资产股份、参与管理决策、享受收益分配方面的重要意义。将山林重新承包出去,村民按股权进行分红,真正实现了"资源变资产、资金变股金、农民变股民"的愿望,同时增强了村民对集体资产的保护意识。

四、集体发展——让农民得到实惠

农村集体产权制度改革后，小哨社区以"干巴菌"为主线，配套完善相应产业，做大做强"以菌会友、以菌养人"的发展特色。凭借得天独厚的生态资源及少数民族文化资源，以"包山拾菌"这一集体经济运营模式，完成了经济效益、社会效益、生态效益多翼齐飞的"蝶变"。截至2020年，小哨社区已成功举办了16届彝族传统"火把节"和10届"干巴菌节"，到小哨过"火把节"已成为当地村民和周边群众固定的习俗，每年都吸引着数十万游客到来。目前已有经旅游部门授权的6家接待点、20余户农家乐、60余户可接待农户，共可支持3 000余人就餐，带动全村年旅游经济收入达800余万元。2020年，小哨集体山林承包总金额高达438万元，创下历史纪录。山林承包后，按照实际承包款项留存集体发展资金后进行分红。例如，大狗黑底村通过向村民发股集资，成功盘活了闲置10余年之久的山林资源，村民按股权进行分红，每年获得分红收益3 000元左右。黄泥田村小组收回承包的北坡山集体山林后，将北坡山的承包经营权向社会公开竞标，仅一年就为村集体获利

小哨社区举办彝族传统节日"火把节"

小哨社区发展"干巴菌"特色产业

13 770 元。社区把菌山承包收入的 80% 分给村民，20% 用于社区及居民小组的自身建设，真正实现资源变资产、资金变股金、农民变股民，使得农村集体经济不断发展壮大。

在农村集体产权制度改革中，小哨社区理顺了村集体的资源资产的权属关系，村集体经济发展有了基础，乡村振兴迎来发展新机遇。

通过解决村内长期历史遗留问题、收回了一批"存在争议""有问题"及流失多年的集体资源，将"沉睡山林"变成了"摇钱山林"，极大地提升了村集体组织及村组干部在群众中的公信力，使更多的农村致富带头人、技术能人、知识青年愿意回到村组干事创业。同时，另一个潜移默化的效益便是生态效益，通过承包山林"一边巡视菌窝，一边当好护林员"，保护山林便成了村民自觉自愿的行为，更是村民们内心的默契。2019 年，小哨社区被正式授牌"绿水青山就是金山银山创新实践基地"，这也成为小哨社区生态振兴的起点。如今，凭借得天独厚的自然资源，发展迅猛的生态产业，小哨干巴菌已然成为名副其实的"滇中菌王"，小哨社区也称得上是实至名归的"彝乡氧吧"，成为县内村级组织发展的标杆和榜样。

云南省曲靖市麒麟区东山镇卑舍村：

盘活资产资源 助力乡村振兴

云南省曲靖市麒麟区东山镇是革命老区。卑舍村委会距东山镇政府所在地约 5 公里，距麒麟区中心城区 60 公里，全村总面积 19.2 平方公里，耕地面积 2 891 亩。其中，水田 597 亩，旱地 2 294 亩。所辖 10 个村民小组均坐落在连绵起伏的红土山峦之间，青山作屏，绿树环抱。全村现有农户 1 236 户、5 544 人。其中，少数民族 106 户、468 人，有劳动力 3 521 人，从事第一产业 2 183 人，人均年收入 1.98 万元。

一、深化产权制度改革 确保产改取得实效

卑舍村以明晰农村集体产权归属、维护农村集体经济组织成员权利为目的，以推进集体经营性资产改革为重点任务，以发展股份合作等多种形式的合作与联合为导向，强化统筹谋划，聚焦改革创新，不断激发村集体发展内生动力，让农民获得更多实惠，积极推进农村集体产权制度改革试点，全面完成了"方案制定、宣传发动；清产核资、建立台账；成员身份认定、股权设置；制定章程、成立组织；注册登记、自检自查"等 5 个阶段的工作。全村共清查资产总额 7 274.86 万元，资源性资产 3 636.27 亩，无经营性资产，确认集体经济组织成员 5 173 人；设置成员股 51 730 份，每人 10 股，未设立集体股。

一是强化宣传引导。为农村集体产权制度改革工作营造良好的社会氛围，及时组织召开农村集体产权制度改革动员大会，通过广播宣传、逐户发放"致

农民朋友的一封信"、张贴宣传画等方式，充分做好宣传工作，做到产权制度改革宣传资料发放不漏一户，宣传内容人人知晓。二是强化组织领导。为确保改革工作有序开展，村委会及各村民小组均抽调了业务精干人员，成立农村集体产权制度改革工作小组，组织业务培训，使工作小组人员熟练掌握产改工作业务知识，便于产改工作有条不紊，稳步推进。三是强化账面数据核对。清产核资账内账外相结合，对照账面数据，逐项清查，确保清查数据准确无误，账实相符。四是强化摸底调查。根据户籍和居住情况，逐户逐人开展人员信息摸排登记，做到应登尽登，确保不漏户漏人。五是强化身份确认管理。以 2018 年 2 月 28 日为基准日，按照"尊重历史、照顾现实、程序规范、群众认可"的原则，结合户籍关系、农村房产、土地承包关系、履行村民义务等情况，坚持实事求是，坚持公平合理，召开村民大会，进行成员身份确认表决，并及时公示。六是强化政策落实。严格把握政策界限，遵循有法依法、有规依规、无规依民的民主决策机制，通过召开村民大会，对农村集体产权制度改革复杂问题、历史遗留问题，进行民主表决处理。

二、深化产权制度改革 搭建经营管理载体

按照《中华人民共和国民法总则》"特别法人"的相关规定及时进行赋码登记，成立阜舍村集体经济合作社，刊刻印章、制作铭牌，挂牌办公。在全省率先办理农村集体经济组织税务登记，全面拓展经济权能，实质性运营经济合作社，更好地发挥开发集体资源、管理集体资产、发展集体经济的作用，进一步强化集体经济组织资产的管护和运营，确保各项制度的执行和经济合作社的正常运行。

三、深化产权制度改革 农业产业融合发展

阜舍村农特产品丰富，但受到"小而不全"等零散情况的影响，没有形成牢固的产销链条，大量农产品没能转化为商品。阜舍村委会依托农村集体

卑舍村经济合作社在城区设立销售网点，带动村民发展乡村特色农产品

产权制度改革成立的经济合作社，发挥组织优势，以"组织搭平台，政府找销路"的理念，建立"经济合作社＋经营主体＋成员"发展模式，创新带动农村特色产品销售。经济合作社在曲靖城区设立两个销售网点，采用"统一收购、加工分拣、批量外销"模式，销售群众生产的农特产品，搭建起乡村与城市消费间的桥梁，帮助群众打通农产品的消费通道，带动村民发展乡村特色农产品，有效助力乡村振兴。自成立集体经济合作社以来，带动农户销售干辣椒、土豆片、土鸡、猪肉、鸡蛋等农产品200余万元，户均创收3 000元。经半年运行，有效带动村内近百户农民从事特色农产品加工，促进农民增收。

卑舍村辖区内煤炭资源丰富，辖区内有煤矿企业2个，年产原煤百万吨。卑舍集体经济合作社依托优势、充分整合资源，将管理、运输、安保、保洁等务工人员输送到煤矿150余人，年务工总收入达1 050万元，年人均收入达7万多元。

四、深化产权制度改革 壮大集体经济

为壮大村集体经济，卑舍村以经济合作社集体出资，购置大型装载机 1 台出租给辖区煤矿，与企业签订出租合同，年租金收入 25 万元，收益率达 25%。卑舍村发挥靠近集镇、矿区集聚的区位优势，结合扶贫易地搬迁项目，在易地搬迁项目区投资 200 余万元，建设加工厂房和商铺，引进木材加工、食品加工、餐饮、建筑等行业企业 10 余家，年租金收入 30 余万元。另外，动员村组干部领办创办经济实体，成立麒麟区东山镇卑舍村集体经济合作社食品加工坊，引进生产设备，培训食品加工人员，生产米线、面条、包子等，承接全镇中小学和企业早餐配送，年收益 30 余万元。在巩固脱贫攻坚同乡村振兴有效衔接产业发展中，卑舍集体经济合作社又引进一条日产 20—25 吨大米加工生产线，年收益 15 余万元，进一步壮大了集体经济。

五、深化产权制度改革 助力乡村振兴

卑舍村属于东山镇 7 个贫困村之一，于 2018 年摘帽出列。卑舍村委会坚持把群众增收致富作为出发点和落脚点，促进现代农业产业结构调整升级。改革过程中，突出特色优势产业，以产业就业帮扶、利益联接等机制，带动贫困户从事特色农产品生产、加工，通过劳务输出、设置公益性岗位等措施，带领全村贫困户 153 户、559 人实现脱贫。卑舍村通过农村集体产权制度改革，盘活农村集体资产资源，农村基础设施不断完善，社会事业全面进步，村民的生活水平不断提高，幸福指数不断提升。

西藏自治区拉萨市城关区维巴村：
当好改革"先遣队" 增强农牧民获得感

　　维巴村位于西藏自治区拉萨市城关区夺底街道，距市中心约 7 公里处，海拔 3 700 米，是典型的城郊村。2018 年以来，维巴村紧紧围绕如何让农牧区生活实现更好发展、让农牧民有更大获得感的改革思想，按照资产清查、成员确认、折股量化、成立组织的方式规范开展农村集体产权制度改革，并在开展农村产权线上交易、规范村级小微权力运行、发展壮大农村集体经济等方面不断深入探索。历时 3 年多，共清查农村集体资产 1.58 亿元，集体土地 1 158 亩，确认集体成员 468 户、1 432 人。2021 年 7 月 7 日农村集体经济组织挂牌，改革阶段性任务顺利完成。

维巴村股份经济合作社揭牌仪式

维巴村召开股份经济合作社第一次会议暨成立大会

一、抓好三个保障，打实改革硬基础

一是村组高度重视。维巴村"两委"高度重视农村集体产权改革工作，及时成立村、组两级改革工作领导小组，学习吃透改革精神、结合实际细化方案、召开会议动员部署，画好改革"设计图"；村党支部书记作为第一责任人，与街道办事处签下目标责任书，全程亲自安排、研究、推进改革，对改革过程中可能出现的难点问题详细梳理并提出解决方案，做好改革"领路人"；村级党员积极发挥先锋模范作用，参与方案制定、宣传改革精神、监督改革过程，争当改革"先遣队"。

二是宣传深入细致。做好"改前"宣传，通过发放藏汉双语宣传册、张贴横幅标语、设立政策讲解栏等形式，向农牧民群众广泛宣传农村集体产权制度改革流程、目的和意义，取得群众理解、支持和拥护；做好"改中"讲解，在农村集体产权制度改革填写各类表格过程中，改革工作人员用藏汉双语形式向村民逐一讲解表格填写注意事项，确保登记信息准确无误；做好"改后"答疑，村民对全村成员确认结果、股权量化结果及理事会、监事会选举结果有异议的，及时向他们详细说明相关改革精神和选举依据，确有错误的核实更改后进行再次公示，直至村民认可满意。

维巴村农村集体经济组织成员身份确认政策讲解大会

三是打造专业队伍。由于历史等原因，村级财会人员多由非会计专业背景的本村村民担任，面对清产核资等专业性强的工作，维巴村探索建立"聘请第三方公司技术指导＋聘用集体经济组织专干专职负责＋村级财会人员学习辅助"的改革模式，通过"帮带学"逐步建立起一支稳定高效的农村集体产权制度改革专业队伍，有效解决了人才短缺、专业能力不足的难题。

二、规范三个环节，实现改革高质量

一是清产核资应清尽清。维巴村坚持"先确权、再清查"的原则，针对村里权属不清的资产，村级改革工作领导小组牵头对村小学、卫生院、村委会房屋等各类资产办理产权移交手续，厘清权属后再进行登记，为清产核资的高质量完成奠定了基础；建立包括农村集体资产登记、保管、使用、处置、清查和定期报告等在内的全过程制度体系，并成立由村务监督委员会和村民代表组成的改革监督组，确保资产数据规范准确、清查结果群众认可；运用"实测实查"方法，对村组集体不动产四至、空间位置等进行实地测绘，委托会计师事务所对集体资金和资产资源经营情况开展专项审计，实现账据、账账、账款、账表、账实"五相符"。维巴村共清查农村集体账面总资产 1.58 亿元，集体土地总面积 1 158 亩，并通过全国清产核资管理平台系统录入上报数据，确保集体资产保值增值不流失。

二是身份确认民主公平。维巴村按照"尊重历史、兼顾现实、程序规范、群众认可"的原则，坚持"有法依法、无法依规、无规依民"工作思路，问计于民、反复核实，协调平衡各方利益来确定成员：对于符合国家法律法规和相关政策规定的人员原则上全部列入成员范围；对于政策性移民的成员确认，根据上级要求统一确认在户口迁出地；对于"嫁入女"和"入赘婿"，向其原籍村（社区）发送征询函，逐户逐人确认，避免了"两头空"和"两头占"现象；对于其他特殊群体，则按照"宽接收、广覆盖""应享尽享、能享则享"的原则，由成员（代表）大会民主协商讨论决定。由于维巴村地处城郊，人口数量大、人员流动快、各类人群复杂，成员确认时召开专题会议达 10 余次，并经过 4 次藏汉双语公示才确定最终结果，全村共确认农村集体经济组织成员 1 432 名。

三是股权量化设置科学。村级改革领导小组结合实际制定《维巴村农村集体资产股份量化和股权设置办法》，明确不设置集体股，只设置成员股：将原住村民及非原住村民按照 1:2 的比例来设置股份，分别为原住村民持有 2 股、非原住村民持有 1 股，最终该村共设置股数 1 903 股，股本总额为 579.45 万元，每股价值为 3 044.92 元。在股权管理方面，前期经村组干部政策宣讲并充分征求群众意见后，维巴村实行静态管理模式，基准日之后的新增人口不在户内新增股份（基准日之后去世人口也不在户内删减股份），但可以按照《维巴村股份经济合作联合社章程》通过继承、转让等形式获得集体资产股份。经成员集体讨论，股权实行静态管理，主要是因为调整股权不仅不利于维护外出村民对股权的稳定预期，也增加了基层干部的工作量。

三、探索三个创新，挖掘改革新潜力

一是探索农村产权线上交易。维巴村积极响应上级关于开展农村产权交易市场建设的安排部署，率先开展农村产权交易试点，将村集体闲置或低效使用的厂房、仓库、生产设备等经营性资产和集体土地、荒地、荒滩、水面等资源性资产纳入拉萨市农村产权交易信息服务平台进行公开交易，提升集体经济收入。目前，维巴村线上交易农村土地605亩，交易金额达201万元。

二是探索经济发展激励机制。为规范优化农村集体经济收入分配管理，增强基层组织服务和凝聚群众的功能，维巴村按照《拉萨市农村集体经济管理办法（试行）》要求，结合实际制定关于规范村级集体经济分配管理的具体办法，明确农村集体经济收益除用于扩大再生产、群众分红、村级组织运转外，还可以在获得群众同意后用于补贴村组干部收入，进一步激发了村组干部干事创业的激情，提高了他们发展农村集体经济的积极性和主动性。

三是探索基层小微权力监督。按照习近平总书记"把权力关进制度的笼子里，让权力在阳光下运行"的思想，维巴村探索建立"村级小微权力清单"制度，全面梳理涉及村级集体资产和财务管理的村级事务事项，对资金、资产、资源管理等每一项具体权力事项的运行都实行流程化和规范化，确保村级权力运行"一切工作有程序，一切程序有控制，一切控制有规范，一切规范有依据"，实现理事会"看图做事"，监事会"照单监督"。

四、推进三个举措，释放改革大红利

一是基层党建引领经济发展。维巴村在改革过程中始终坚持"党组织在基层经济社会发展工作中的统领地位"这一主线，股份经济合作社理事长由村党支部书记担任，将集体经济发展情况作为党建工作的一项重要考核内容，对于理事会中思想觉悟高、发展集体经济贡献大的成员优先"吸纳"入党组织和村"两委"，不断激发理事会干事创业的积极性。2020年，维巴村集体经济收入超过151万元，人均分红1 400元，进一步巩固了党组织在基层政权的核心领导地位。

二是因地制宜规划发展路径。针对缺乏科学村庄规划的问题，理事会采取"座谈会＋调研走访＋大讨论"的形式，围绕基层组织、经济发展、村庄建设、社会治理等乡村振兴话题，广泛听取街道党工委领导和本村干部群众的意见建议，拿出可行性较强的村庄 5 年规划：计划对辖区内所有林卡设施进行整顿提升，由股份经济合作社安排专人统一规范经营；与西藏白鲸文旅集团签订开发合作协议，借助维巴村好客藏家景区及易措湖徒步旅游景区等优势成立乡村旅游公司，早日打造出夺底乡维巴沟域旅游的特色招牌。

三是人才计划助力乡村振兴。股份经济合作社成立后，由于理事会成员多为本村缺乏经营理念的村民担任，一定程度上限制了集体经济的持续发展，维巴村及时启动职业经理人培育计划，探索经济合作社与职业经理人的科学合作方式，实践"承包金＋盈利百分比"模式，既提高了集体经济收入，又增加了村民的就业岗位。

西藏自治区山南市乃东区泽当街道泽当社区：
居民变股民 发展添活力

泽当社区位于西藏自治区山南市乃东区泽当街道办事处东北面，党支部成立于1965年，社区下设12个居民小组，1 139户、2 744人，有林地10 200亩，草地31 218.9亩，耕地2 817.37亩。自开展农村集体产权制度改革以来，泽当社区在乃东区党委、政府，泽当街道党工委、办事处的悉心指导下，在规定时间节点内圆满完成了改革阶段性任务，为促进乡村振兴战略实施、探索发展壮大集体经济新途径奠定了坚实基础。

一、采取"四个措施"，在改革关键阶段上"推"

一是加强组织领导，压实工作责任。社区党支部、居委会历来高度重视农村改革工作，自改革以来，及时研究部署全社区集体产权制度改革工作，建立了党支部、居委会主要领导任组长，分管领导任副组长，多部门协调配合的工作机制，切实加强对改革试点工作的组织领导、统筹协调、调度指挥。二是强化政策保障，完善支撑体系。先后印发了《农村集体资产清产核资工作方案》等文件，为全面推进农村集体产权制度改革工作指明方向、规范步骤、统一节奏，做到全社区上下"一盘棋"。三是加大资金投入，增强融资能力。在区财政拨付专项工作经费的基础上，加大资金整合力度，优化资金投向，改革期间，全社区共投入资金50余万元，用于清产核资、成员确认、日常办公经费等。四是加强上下协同，合力推动改革。按照"政府领导、分工负责、上下协同"的工作思路，社区派专人负责、各部门各司其职，密切配合，实

泽当社区召开集体经济组织理事会、监事会成员提议会

打实抓重点、补短板、强弱项，形成了加快推进农村集体产权制度改革的工作合力。

二、聚焦"四个环节"，在改革工作路径上"盯"

一是全面开展清产核资。严格按照"清查、登记、核实、公示、确认、建立台账、审核备案、汇总上报、纳入平台"等9步流程规范步骤，对村组两级集体资产进行全面清查、登记，完成社区及12个小组集体资产清查核实工作。截至2019年12月31日（折股量化数据时点数据），本社区集体资产2.8亿元，其中经营性净资产2.05亿元。基本摸清了集体"家底"，理清了产权关系。二是精准确认成员身份。依照"尊重历史、兼顾现实、程序规范、群众认可"原则，研究制定了《泽当社区集体经济组织成员身份确认办法》，在具体工作中，以户籍关系和承包关系为基础，按照"户主申报、调查核实、审核甄别、'三榜'公示、大会审议、群众确认"的工作过程，稳妥做好各类人群的成员身份确认。根据《泽当社区集体经济组织成员身份确认办法》，对泽当社区1 139户、2 744名农牧民群众进行了身份确认，共确认集体经济组织成员2 188人。对于不具有成员资格的556人，均出具了相关证明材料，经由本人及村民代表大会确认通过。三是科学进行折股量化。按照"依法有序、坚守底线；公开公正、民主决策；尊重历史、面对现实"的原则，研究制定了《泽当社区经济组织折股量化工作办法》，股权配置以成员（人口）股为主，不设集体股。个人股确定股份为：本地有地人员股、本地无地人员股、符合条件外来人口股、失地安置股4种形式。本地有地人员股（以1987年12月31日前承包在世人口为依据）、本地无地人员股（截至2019年12月31日前出生人口为依据）、符合条件外来人口股（截至2010年12月31日前出嫁、入赘、寄养、非婚生人员）3种；失地人员安置股享受对象为1997年12月

泽当社区召开股权量化方案审议大会

泽当社区召开分红大会

31日至2014年12月31日失地（数据来源以泽当居委会失地安置统计表为准）。泽当社区共设置总股数7 042.5股，按照2019年12月31日的经营性净资产总额进行股权量化工作，每股价值29 105元，规定每股价值仅作为参考，不得提现。股权按照"生不增、死不减"的静态管理模式，实行"确权到户、户内共享、社内流转、长久不变"的原则管理。四是规范组建股份经济合作社。完成清产核资、成员认定、折股量化等各项工作后，制定了《泽当社区股份经济合作社章程》，选举产生了合作社理事会、监事会班子成员，成立了乃东区泽当社区股份经济合作社，并取得了《农村集体经济组织登记证》，开设了银行账户，市场主体作用发挥日渐明显。合作社向成员发放股权证书，作为享受收益分红的凭据，个人股权经理事会批准后可以在本集体经济组织内部进行继承、转让、赠予。泽当社区股份经济合作社运行管理及收益分配，按合作社章程及制度规定执行。

三、抓好"三个关键"，在改革工作质量上"严"

一是抓宣传发动，让干部群众"动起来"。充分利用广播、报刊、横幅、网络等各类媒体，广泛组织开展改革政策宣传活动。印发工作指南、资料汇编、宣传材料，为推进改革营造了良好的政策环境，打牢了群众的基础。二是抓教育培训，让政策执行"不走样"。紧紧围绕关键环节，采取外出学习、集中培训、现场指导等方式，对产权制度改革工作人员及村集体经济组织负责人、村会计进行培训。为协调平衡各方利益，召集"两委"班子、双联户户长、成员代表等召开折股量化专题会议21次，集中学习折股量化专业知识8次。三是抓工作联动，凝聚改革强大合力。将农村集体产权制度改革与基层党组织建设、脱贫攻坚、乡村振兴等工作密切结合起来，凝聚齐抓改革落实的强大合力。

陕西省榆林市榆阳区古塔镇赵家峁村：

做足做好土地文章 探路贫困地区"股改"

赵家峁村地处黄土高原丘陵沟壑区，曾经是典型的区域性贫困村。全村共有 4 个村民小组，243 户、630 人，耕地 5 300 亩，人均 8.4 亩。虽然人均土地较多，但因农民主要种植玉米、小杂粮、马铃薯等传统作物，经济效益低下。更重要的是，当地土地细碎化现象非常严重，村民刘红金家有 12 亩耕地，但分散在 26 块沟沟坡坡上，最小的一块仅 0.2 亩，长度却达 150 米，村民们形象地称之为"绺绺田""块块地"。全村 3/4 的青壮年进城务工，村庄"空壳"、集体"空心"、民居"空巢"现象较为严重。2014 年，赵家峁村被确定为陕西省首批农村集体产权制度改革试点村，率先开展了改革实践与探索。经过 5 年多的艰苦努力，村集体经济已由负债 2 万元发展到 2018 年固定资产 5 000 万元，村民人均纯收入由 6 650 元提高到 16 800 元，贫困发生率从 81.7% 下降到 0.8%，彻底甩掉了贫困落后的帽子。

一、主要做法

赵家峁村推进农村集体产权制度改革的做法主要包括 5 个方面。

一是发展土地股份合作。2013 年，赵家峁村利用京津风沙源二期治理移民搬迁项目，通过土地整理解决细碎化问题，将分散的土地集中起来，统一规划发展现代农业，探索推进以土地股份合作为主要形式的农村集体产权制度改革，整合原有村级公司、合作社，成立了赵家峁村股份经济合作社。村股份经济合作社在平整后的土地上集中发展设施果蔬、葡萄、山地苹果等现代农业，规划建设了现代养殖小区和葡萄酒加工基地，并成立乡村旅游公司，发展乡村旅游、休闲农业等新产业新业态。

二是从宽确认集体成员。改革前，赵家峁村家家户户主要从事传统农业生产，广种薄收，导致农村劳动力大量转移。改革时，赵家峁村根据本村外流人口多、外来人口少的村情实际，为使改革惠及更多村民，在集体成员身份确认中奉行"宜宽不宜严"的原则，提前半年告知本村过去因贫困到外村入赘的男子，如其愿意迁回该村，就可以确认为集体成员，最终共确认集体成员 630 人，其中包括 9 户外出回迁村民。

三是民主协商设置股权。赵家峁村在推进改革过程中，根据本村实际设置了土地股、人口股、劳动贡献股（劳龄股）、资金股和旧房产（旧窑洞）股等 5 种股份，分别占比 38%、22%、5%、23% 和 12%。这些股权种类和比例的设置，经过了半年 50 多次社员代表大会的充分讨论和博弈，是大家"吵"出来的结果。其中，资金股比重从最初的 50% 以上一降再降，最终定在 23%；旧房产股是在当地干部宣传动员下，为充分利用本村闲置房屋发展乡村旅游项目而专门设置的股份，符合本村闲置农房较多的实际情况。

四是实行股权静态管理。经过社员民主讨论，赵家峁村将 2015 年 10 月 1 日确定为集体成员确认的截止时点，基准日之后的新增人口不再天然是集体经济组织成员，只能通过继承和转让股份，按章程获得集体收益分红和集体成员身份。据当地干部群众介绍，之所以实行股权静态管理，主要是因为经常或定期调整股权，不仅不利于维护外出农民对股权的稳定预期，也增加了基层干部的工作量，而且这种股权管理模式也是社员集体讨论的结果。

五是发展村级集体经济。赵家峁村成立股份经济合作社后，先后整合成立农业发展公司、乡村旅游公司及 2 个种养专业合作社，以现代种植业、养殖业和乡村旅游为突破口，发展壮大集体经济。目前，已建成 40 亩果蔬、150 亩葡萄、150 亩山地苹果、35 亩现代养殖小区、300 亩葡萄酒加工基地，推动村内产业融合发展；打造"杏花溪谷、峁上人家"和"难忘乡愁、老家记忆"两个精品旅游景区，"十一"黄金周游客达 5 万人次，5 天假期全村旅游收入 13 万元；为集体成员统一建设标准化别墅住宅区，发展特色民宿，增加集体收入和成员分红。

二、主要特点

赵家峁村集体产权制度改革具有 4 个突出特点。

一是着力打好土地牌。土地是中西部贫困地区农村最主要的资源。赵家峁村因地制宜，充分利用当地土地资源多的优势，推进以土地股份合作为主要形式的农村集体产权制度改革，把打好土地牌作为改革的主攻方向和优势所在，整合土地资源要素，做足做好土地文章。

二是坚持农民说了算。股权设置是农村集体产权制度改革重要一环。赵家峁村股权设置种类多样、比例恰当，这主要得益于在改革中充分尊重群众意愿，发挥农民主体作用，坚持"集体的事儿大伙儿说了算"，既保障了农民群众的财产权益和主体地位，又防止了少数人决策引起的矛盾和纠纷。

三是注重群众获得感。提升农民群众获得感，增加农民财产性收入，是农村集体产权制度改革的重要目的之一。赵家峁村在盘活集体资源要素的同时，通过建立健全集体收益分配制度，使集体成员能够持续分享集体经济壮大带来的收益，保障了农民财产权益，带动了农民脱贫致富。

四是选好改革带头人。赵家峁村改革工作之所以能够顺利推进、成效显著，离不开一个强有力的村党支部和一位有情怀、懂政策、重实干的村级带头人。赵家峁村党支部书记张春平曾是榆林市的优秀民营企业家，上任后，他和其他村干部一道，探索推进集体产权制度改革，带领广大村民积极争取国家政策，平整土地，修建新居，发展产业，短短几年时间就让村庄面貌发生了巨变。

三、面临的困难和问题

在肯定赵家峁村改革成效的同时，也要看到，下步村集体经济发展还面临几个瓶颈问题。一是集体收入来源瓶颈。赵家峁村集体经济发展主要依赖土地，但土地面积的有限性和土地供给的稀缺性终将导致集体收益渠道越来越窄，进而影响集体收入的持续增加。二是经营管理人才瓶颈。赵家峁村股份经济合作社的管理人员目前主要由村干部兼任，但却无法获得相应的经营管理报酬，从长远看，缺乏对经营管理人才的激励机制，将难以保障集体经济的可持续发展。三是支持保障政策瓶颈。现阶段，支持农村集体经济发展的财政、税收、金融、土地、项目规划、产业布局等方面政策仍比较少，与基层干部群众期盼还存在不小的差距。

四、主要启示和案例评述

一般认为，农村集体产权制度改革主要集中在东部沿海发达地区或者城中村、城郊村、经济发达村等经营性资产较多的村组，而对于中西部贫困地区的广大农村，则被认为缺少改革的条件，改革的紧迫性不强。赵家峁村的探索启示我们，中西部贫困地区同样需要推进农村集体产权制度改革，通过改革盘活土地资源要素，发展壮大集体经济，增加农民财产性收入，前景光明，大有作为。由于贫困地区农村集体经营性资产不多，因此改革往往是在土地资源上下功夫。赵家峁村的改革经验可以形象地概括为"五个一"，即整好一块地（通过土地整理解决细碎化问题）、建好一个社（成立村股份经济合作社）、养好一只鸡（发展村级集体经济）、选好一个人（选好村级组织带头人）、联结一张网（建立集体和村民的利益联结机制），这为广大贫困地区集体经济薄弱村改革提供了可复制、可参考的宝贵经验。

党的十九届四中全会从坚持和完善中国特色社会主义制度、推进国家治理体系和治理能力现代化的高度，明确提出"深化农村集体产权制度改革，发展农村集体经济"，为下步推进改革指明了方向。建议广大贫困地区农村充分借鉴赵家峁村推进集体产权制度改革的经验做法，发展土地股份合作，激发各类要素潜能，不断深化产权制度改革，不断壮大集体经济实力。一是探索股份合作制改革的有效路径。在全面完成清产核资和成员确认的基础上，根据农民意愿，探索将未承包到户的集体土地等资源性资产和经营性资产分别以股份或份额的形式量化到本集体成员，通过民主决策合理设置股权种类和比例，协调平衡好各方面利益。二是建立健全农村集体经济组织。有集体统一经营资产的村组应抓紧成立农村集体经济组织，办理注册登记，健全运行机制，作为财政补助资金和项目的承担主体，并按规定享受相关税费优惠政策。三是积极推动资源变资产、资金变股金、农民变股东。以集体统一经营的资源性资产、经营性资产，以及财政投入到村集体形成的资产等作为出资，引导和吸引村民投入土地经营权，入股企业、农民合作社或其他经济组织，集体和村民按股分享收益。四是建立集体经济组织管理人员激励机制。探索通过激励贡献股等多种方式，对经营管理人员和有突出贡献的人才给予物质奖励，为盘活集体资产、发展集体经济提供源源不断的人才支持。

陕西省汉中市汉台区汉王镇红星村：
村集体经济发展中的闪闪红星

汉王镇红星村位于陕西省汉中市汉台区东北角，属典型浅山丘陵区，全村辖4个自然村，6个村民小组，耕地面积980亩，其中水田720亩，旱地260亩，全村人口231户、694人。2017年红星村被确定为产权制度改革试点村，在区镇两级的精心指导下，在帮扶部门和四支力量的共同努力下，红星村先后成立了村股份经济合作社和土地股份合作社，实现了全村土地统一管理、统一流转、统一经营，村集体经济组织、经营主体与农户特别是贫困户构建起多种形式的利益联结机制，成为全区产权制度改革助推集体经济发展的鲜活例子。

一、主要做法

（一）深入考察调研，理清改革思路。2016年以前，红星村集体经济收入几乎为零，是远近闻名的"空壳村"。精准扶贫工作启动后，村"两委"积极调整发展思路，决心通过加强班子建设、大力招商引资、转变村民观念等方面入手改变贫穷落后面貌。在区农业部门的组织下，村主要领导先后参观了榆林市榆阳区赵家峁村、贵州省安顺市平坝区塘约村等农村改革典型村。通过参观学习和考察调研，村领导班子确定了立足本村土地资源，用服务吸引经营主体，通过土地的规模化经营，实现经营主体、村集体和群众利益三方共赢的发展思路。

（二）积极解放思想，引进经营主体。在明确了发展思路后，村"两委"加大了招商引资力度，村党支部在3个自然村成立了党小组，将全村29名党员编入各组，由有威望、能力强的党员担任党小组长，积极招商引资，动员说服村民将土地流转给前来投资的经营主体。短短两年时间，村里先后引进富源、裕登、汉瑞、聚丰等多个经营主体前来发展，累计流转土地720亩，流转率达73%。招商引资的巨大成功，让村"两委"看到了红星村发展的新希望，让全体村民享受到了"变革"带来的红利。

（三）建立土地股份合作社，土地百分之百入股。2017年5月，汉台区启动农村集体资产产权制度改革，红星村被确定为区镇两级改革试点村。经过近一个月的学习讨论，区镇村三级最终达成共识——成立村级土地股份合作社，在稳定农民土地承包权的前提下，将村民的土地流转到土地合作社，由土地合作社与各经营主体签订经营协议，既避免了村民各户与经营主体之间发生权益之争，又可以通过合法合规方式最大限度保障全体村民、全部经营主体和村集体的利益。此时，帮扶部门帮助红星村引来了第四家经营主体——虾稻连作种养基地，计划流转土地320亩。利用这个有利时机，村组先后召开30多次村民大会，"四支力量"逐户走访，动员村民将土地经营权入股村土地股份合作社，获得股东权，获取股金分红。8月底，全村960亩土地以水田每亩905元、旱地每亩550元的流转价格全部流转到了村级土地股份合作社。

（四）建立集体股份经济合作社，土地百分之百流转经营主体。按照产改工作要求，红星村及时成立了产改工作领导小组，制定了工作方案、成员界定办法和股权设置办法，完成了清产核资、成员界定、股权量化、注册登记等工作，率先挂牌成立了红星村经济合作社，村经济合作社与经营主体反复磋商土地入股协议的框架和细节，明晰双方的权益和责任，经营主体保证土地流转价格每3年提高5%，并按每亩5%的标准向村经济合作社上交管理服务费。9月中旬，村经济合作社分别与新型经营主体签订了土地流转协议，960亩入股土地全部流转到了各经营主体，实现了全村土地两个百分之百。

红星村整合产业扶贫资金和农业综合开发项目资金建设李子园

（五）开展自主经营，发展集体产业。为持续保证集体经济收益和农民的利益，在发现个别经营主体出现经营不良的情况下，村股份经济合作社及时劝退经营主体，把土地收归集体。在充分考察和论证的基础上，积极整合产业扶贫资金和农业综合开发项目资金，自主发展红星李子园和蔬菜园。2019 年已栽植完成 320 亩冰糖李子，考虑到李子树栽种前 3 年没有收益，实施套种了奶油南瓜、红薯来增加收益，8 月奶油南瓜喜获丰收，红薯也已由乡村振兴公司推荐买单。2020 年 3 月，该村 160 亩蔬菜园也已建成，并以每亩 1 660 元的价格全部由市场经营团队承包，仅此一项每年可为村集体带来纯利润 9.14 万元。

（六）完善基础设施，美化村容村貌。红星村的改革吸引了各级各部门的关注，红星村以此为契机积极争取各类项目资金，对水电路等基础设施进行了完善，把闪闪的红星作为村上的独特标志，对村民的房屋进行了统一粉刷，绘制了具有"红星"特色的宣传画，安装了"红星"路灯，修建了观光台，硬化了田间主要干道，安装了监控设施，全面完成了卫生厕所改造，建设了生态湿地，铺设了污水处理管网，新建了垃圾和污水处理站，使村容村貌得到了翻天覆地的变化，不断吸引各类经营主体纷纷前来投资。目前，红星村菜园子已被个体老板全部承包并打造成了开心农场。在菜园子，可以开展亲子种植、四季丰收节、田野派对、田野游戏、田野摄影、田野野餐日、地方乡土教育、乡村产业公益培训等丰富多彩的田野主题活动，为城市人带来全新的乡土生活新鲜体验，并不断带动乡村旅游和餐饮业的发展，真正实现了村有一业、户有一工、人有一股。

二、发展成效

（一）拓宽了群众增收渠道，助推了脱贫攻坚。一是 231 户村民均通过土地入股每年获取土地分红；二是把 23 户贫困户的小额信贷资金、产业扶持资金入股到新型经营主体获取分红；三是为村民特别是贫困户提供了稳定的务工渠道，协议约定确保 27 户贫困户每户至少有 1 人在新型经营主体务工，每人每月不得少于 20 天务工日，每月务工收入不得低于 1 600 元。2016 年至今，村民到新型经营主体年务工量分别为 3.1 万人次、3.4 万人次、3.5 万人次、3.6 万人次、3.7 万人次，务工总收入分别为 217 万元、238 万元、245 万元、250 万元、264 万元，仅此一项，就带动全村人均年增收约 4 000 元。

（二）邻村、邻县农民入股，辐射带动作用初显。红星村的土地股份合作社还辐射带动本镇繁荣、光华二村及城固县观沟村共同发展，共吸纳这 3

红星村贫困户获得分红

个村的 130 亩土地入股红星村土地合作社，其中，有 6 户贫困户到红星村新型经营主体务工，享受与红星村贫困户同样的"待遇"，实现了共同发展。

（三）壮大了集体经济，促进了农民增收。通过近 4 年的发展，红星村彻底摆脱了贫困村、"空壳村"的局面，集体经济实现了零的突破并稳定持续增长，2020 年底村集体经济收入 45 余万元，预计 2021 年底集体经济收入可达 55 万元。村上按照集体积累留 30%，扩大再生产 30%，拿出 30% 给全村股民分享红利，剩余 10% 用于追加贫困户资金入股分红，实现了村集体、村民、贫困户的共同增收。

三、发展启示

一是要解放思想、大胆创新。各级尤其各村要敢于先行先试、试错纠错，认真研判村情实际，大胆借鉴外地成功经验，探索建强村集体经济合作社的新路径。如果穿新鞋走老路，只是简单地当二传手，那么产权制度改革就会流于形式。

二是要强基固本、整合资源。大部分甚至所有的集体资产都低价出租，村集体经济流失殆尽，丧失了发展壮大的根本，群众利益也严重受损，这是很多村特别是贫困村普遍存在的问题。村上要以合法合规的方式有序收回外租的房屋、水塘、土地等集体资产，将经营性资产、土地资源逐步由经济合作社通过集体自办、能人领办、招商引资、入股联营等方式，真正实现"资源变资产，资金变股金，农民变成股东"，做大做强村级集体经济。

三是要内推产改、外联市场。村党支部要以村集体经济合作社为基点，积极寻求上级部门、单位的支持、帮助，主动对接农业企业、各类园区、电商平台和专业市场，实现富裕劳动力充分就业创业，农副产品产销两旺，引领专业合作社等新型经营主体抱团发展，鼓励、支持农户特别是贫困户通过土地入股、资金托管分红、就业领取报酬、发展生产增收等多种途径获得收益。

红星村在改革的道路上先期进行的有益探索，激发了农村生产要素内在活力，把农民与实体经济实现了链接，实现了"资源变股权、资金变股金、农民变股东"的转变，农民收入实现了多元化，也切实提高了土地产出效益和集体经济收入。随着农村产权制度改革的不断深入，将带动集体经济运行方式彻底变革和完善，"归属清晰、权责明确、保护严格、流转顺畅"的现代集体产权管理制度一定会使农村发展更好，农民收入再上新台阶。

陕西省咸阳市淳化县城关街道办丁户塬村：

联股联利联心 助力脱贫攻坚

丁户塬村位于陕西省咸阳市淳化县城东北部，地处爷台山区腹地，属于典型的黄土高原沟壑区，总土地面积约 1.43 万亩。其中耕地面积约 5 298 亩、林地面积约 8 628 亩。全村辖 5 个村民小组，共 230 户、748 人。丁户塬村虽然人均耕地面积较多，但全村 5 000 多亩耕地大多属于典型的"双跑"（跑水、跑肥）田，加之农业现代化生产水平低，年年广种薄收，农业生产效益低下。农村青壮年劳动力大多外出务工，村庄"空壳"、集体经济"空心"、村民"空巢"，打赢脱贫攻坚战成了难啃的硬骨头。2017 年，村"两委"会抓住农村集体产权制度改革的政策机遇，解放思想，走出了一条"集体经济 + 龙头企业 + 基地 + 农户"的改革路子，盘活村集体（个人）资源资产，壮大了村集体经济，带动了贫困群众增收，2018 年顺利实现了脱贫摘帽的目标，为全县农村集体产权制度改革树立了样板。

一、改革过程

（一）建立机构，强化组织领导。2017 年 11 月，丁户塬村成立了由村党支部书记任组长，村委会主任任副组长，其他班子成员为成员的丁户塬村农村集体产权制度改革工作领导小组。领导小组下设政策宣传、清产核资、成员界定和股权量化 4 个工作组，明确了职责分工、细化了工作要求，县产改办专门派出了"驻丁户塬村产改工作指导组"，建立了以城关街道办为主导的丁户塬村产改工作联席会议制度，专题研究解决改革过程中可能出现的困难和问题，加强了对丁户塬村产改工作的业务指导。制定了丁户塬村农村集体产权制度改革工作方案，明确了工作任务、时限要求、工作程序和政策标准，顺利推进了丁户塬村产改工作。在完成清产核资、成员界定、股权量化等工作后，及时组织按照程序成立了丁户塬村集体经济合作社，依法选举了理事会、监事会、理事长、监事长，健全了组织机构，为发展壮大村集体经济，带动贫困群众脱贫致富奠定了坚实基础。

（二）规范程序，摸清摸准家底。严格按照账账相符、账实相符、账证相符，坚持"有法依法、无法依规、无规依民"的原则，做到据实清查、应清尽清、严防流失，全面摸清了家底。共清理出集体资产 882.6 万元，其中，经营性资产 500 万元，非经营性资产 382.6 万元，为股权量化奠定了良好的基础。

（三）统筹考虑，科学设置股权。统筹考虑法律法规、村规民约、群众意见、个人意愿等因素，确定 2018 年 3 月 31 日 12 时为集体成员界定基准日，原则上基准日前在村户籍人口为集体经济组织成员、基准日后户籍人口不是集体经济组织成员，共界定集体经济组织成员 230 户、748 人。成员确定后，按照中央政策精神，以土地股和人口股为主，配套设置资产资源股、基础设施股等，村集体资产资金折股量化 10 万股，每股 50 元。其中合作社占股 30%；成员 748 人，占股 68.8%，计 6.88 万股；提取公益金 1.2%，占 1 200 股。在股权管理上，规定"增人不增股、减人不减股，股权流转不得在村集体经济外部进行"。并明确在外务工人员家庭自有撂荒（闲置）土地（资产）也可以参与集体经济组织入股经营，同时优先考虑贫困群众个人资产入股，壮大了村集体经济实力，带动了贫困群众增收。

二、改革成效

（一）盘活资产资源，破解了发展难题。没有进行产权制度改革以前，村里的机动地、荒山荒坡、基础设施等有的多年闲置，有的被前几任村干部发包出去多年未收回，对这些集体资源资产如何开发、产生的收益怎么分配等一系列问题，群众参与积极性不高，集体经济"空壳"严重，基层运转困难。

丁户塬村股份经济合作社向成员分红

自从开展集体产权制度改革以来，村集体经济组织及时组织人员对长期发包出去的集体土地进行清收，追缴各类欠款，对集体的水井、道路、学校进行全面盘活，依托省水利厅包扶，建成"三园三区"，2019 年集体经济收入突破 10 万元。2020 年 1 月，村集体拿出 8.5 万元按照股权设置进行了改革开放后的首次分红。

（二）借力借智借势，壮大了集体经济。由于村里青壮年劳动力大量外出务工，村集体资源资产多年闲置，村集体收益几乎为零，通过清产核资依法依规清理收回了村集体资产，盘活闲置资源资产，将发展壮大村集体经济摆在了"案头"。村"两委"经过研究决定，分头开展招商引资，积极争取上级政府支持，在驻村扶贫的省水利厅帮助下，建成了约 1 万平方米的 3 个养殖小区。村集体经济合作社通过召开股东大会，把养殖小区承包给 8 家养殖大户养殖奶山羊，当年为村集体经济增加收入 3 万元，为村集体股份经济合作社带来了"第一桶金"。2018 年，村集体经济组织把争取到的 28 万元苏陕协作扶贫资金、65 万元政府产业扶持资金，参股到街道办辖区内 3 家产业化龙头企业，当年实现集体经济分红 6.51 万元。2018 年，村集体经济合作社把 20 万元政府扶持资金参股到光伏发电企业，当年增加集体经济收益 3 万元。2018 年，成功招引了"爸爸的苹果"营销团队入驻丁户塬村，村上把 50 亩集体土地入股到该企业，当年实现集体收益 2.5 万元。集体经济组织牵头、龙头企业引领、政府（社会）支持，使丁户塬村集体经济发展步入了快车道。截至目前，丁户塬村集体经济累计收益达 70.8 万元，748 名集体组织成员通过资产收益、分红人均增收 946 元，实现了集体经济从无到有、再到不断发展壮大的新突破，增强了村"两委"班子的战斗力、向心力和凝聚力，一大批外出务工的能人也纷纷回乡兴业。

（三）联股联利联心，加快了脱贫步伐。丁户塬村以"股份经济合作社"为纽带，形成了联股联利联心的利益共同体，不仅发展壮大了村集体经济实力，也让贫困群众在农村集体产权制度改革中得到了实惠。由村集体经济股份合作社牵头，以龙头企业为引领，以集体闲置资源资产为基础，组织动员广大群众特别是贫困群众，积极盘活农户家庭个人闲置资源资产资金，参股生产经营，实现增收。108 户群众（其中 54 户贫困户）将家庭承包地流转到"三园三区"参股经营，建成了 500 亩花椒园、200 亩双矮苹果园和 700 亩双矮密植示范园，提高了全村农业产业化整体水平，实现了丁户塬村农业产业升级提效，累计增加群众收入 160 万元，其中，贫困群众在"三园三区"增收 60 万元。同时，5 名有劳动技能的群众在园区务工，累计实现工资性收入 10 万元。九顷塬小组的 20 户村民把土地流转给因果在山生态苹果产业园，

丁户塬村"爸爸的苹果"基地

丁户塬村"两园三区"养羊现场

平均每户每年土地流转收入 1.6 万元，而且群众还可获得园区务工稳定收入，人均年收入 2—3 万元。通过联股联利联心，将政府涉农资金、社会帮扶资金、集体资产、群众家庭资产（特别是贫困群众家庭资产）有效整合起来，破解了发展后劲不足的难题，实现集约化经营、共享化发展。

三、产权制度改革中遇到的问题及破解办法

一是清产核资不会做的问题。刚开始涉及产权制度改革工作，村干部一头雾水，多年来集体无收入，村级不记账、不会记账的问题普遍存在，更谈不上从专业角度去清产核资。经过县里和街办会议后，村干部集中进行研究，及时学习相关文件，成立了以熟悉村情的历任村干部、村会计、村民小组长为主的清产核资领导小组，进行清查集体资产。村干部多次到县农经中心进行请教学习，邀请县乡业务人员进行"手把手""面对面"指导，逐步对清产核资有了认识，对现有的集体资产进行造册登记，张榜公示，组织群众进行现场评估原始价值，积极联系相关部门对清查出的数据进行审核，从而逐步摸清了集体资产现状分布。

二是群众参与程度不高的问题。产权制度改革工作开始后，群众工作积极性不高，甚至有时开会群众都不参加，工作非常被动。为了充分发动群众，村里成立"四支队伍"，包片包户，层层压实责任，每 15 户推选 1 名代表，代表负责政策宣传、民情传达等工作，上门征求意见和建议，通过电话联系、发放宣传册、"致广大农民朋友一封信"等形式广泛宣传动员，群众对产权制度改革工作有了进一步的认识，逐步参与到工作当中。

三是脱贫攻坚与产权制度改革具体工作交织繁重的问题。产权制度改革工作开展时正是脱贫攻坚艰难时期，各项工作任务繁重，村干部和驻村工作队对产权制度改革工作不积极、不重视。围绕这一问题，县镇及时召开推进会，明确产权制度改革的意义和作用，指出产权制度改革工作不仅能够助力脱贫攻坚，也是实现乡村振兴的有效抓手，动之以情晓之以理，并提出明确要求，督促说服村干部积极推进产权制度改革工作。同时结合省市财政资金使用管理办法，将上级投入到村集体的资金，优先作为贫困户股金，入股到企业，在脱贫攻坚期内收益归贫困户，脱贫攻坚结束后，统一归村集体，收益归全体村民，有效解决了脱贫攻坚与产权制度改革工作相结合的问题。

陕西省渭南市合阳县金峪镇沟北村：
"改"出一片新天地

陕西省合阳县金峪镇沟北村地处渭北旱塬东部，距县城 17 公里，县道王皇路穿境而过。全村有 5 个村民小组、337 户、1 267 人，两委班子 7 人，党员 39 人，成员代表 31 人，耕地 3 860 亩。农村集体产权制度改革以来，沟北村按照"两个全面、五个探索"的总体要求，有效盘活了农村各类资源，拓宽了农民增收渠道，为完善统分结合的双层经营体制、逐步实现共同富裕蹚出了一条新路。目前，全村新发展经济作物 2 350 亩，建成葡萄冷棚、樱桃大棚 420 亩，培育各类经济实体、产业大户 47 家，集体经营性资产累计达 1 717 万元。2020 年底，沟北村集体经济净利润 147.6 万元。沟北村在集体产权制度改革过程中主要把握了"四个要素"。

一、抓住"改"的内因：穷则思变求发展

2017 年，沟北村贫困发生率达 27%，人均纯收入仅 8 500 元。"穷沟北，烂背河，疙里疙瘩高家坡"的民谣，是对沟北村这个两面环沟、土地贫瘠、农民收入低下等贫困现状的真实写照。沟北村"穷"和"烂"是因为：

一是资源分散。村里土地全部由农户分散经营，收入低、效益差，大伙的日子过得紧巴。特别是 500 亩"四荒地"，453 亩林地没有发挥经济效益，20 间闲置的校舍也未被合理利用，造成了资源浪费。

二是农民分散。由于农业效益不理想，全村在外务工的青壮年有 454 人，占劳动力总数的 59.1%，加之有知识、有能力的年轻人到大城市发展，农村

剩下的基本上是"三留守"人员。

三是资金分散。个别农民虽有点钱，但没有发展思路，把钱全存在银行；有些农民有发展思路，却没有钱又贷不到款，即使能贷到款，也只有三五万元，满足不了实际需要。村上3个合作社资金缺口达800万元，但村民存款超过300万元，这一"缺"一"存"，供需错位，造成资金严重外流，是制约沟北村发展的最大瓶颈。凡此种种，都使沟北人难以走出越穷越困、越困越穷的怪圈，束缚了人们对美好生活的向往。

二、突出"改"的方式："分""统"结合聚民心

把统分结合的双层经营体制的优越性发挥出来，解决好分散农户"干不了、干不好、干了不合算"的问题，是沟北村改革面临的重大课题，也是沟北村的生动实践。沟北村大胆尝试，以"三变"促"三化"。"三变"即资源变资产，资产变资本，村民变股民。

资源资产化。党支部动员全村农户自愿将土地承包经营权和资产、资金、技术等入股到合作社，由合作社统一规划、统筹使用；整合村集体资产、苏陕扶贫协作等项目资金，投资600万元建成集产品展示、技术培训、客商服

沟北村集体经济产业服务中心

务、电子商务、物流配送等为一体的现代化多功能产业服务中心；整合各类项目、扶贫资源，投资 300 余万元，新打机井 2 眼，配套建设园区管网 13 公里，滴管 1 100 亩，防雹网 600 亩，发展葡萄、苹果、樱桃和花椒等现代农业，有效激活了因为"分"而浪费和沉睡的资源。

资产资本化。沟北村按照"宜村则村、宜组则组，确权确股不确资"的思路，对集体经营股拆分量化，确股到组，明确各村民小组的收益分配份额；对资源性资产按实际面积每亩一股计算，经营性资产按净产值 1 000 元 / 股计算，资金类资产按物化实值 1 000 元 / 股计算。对各级财政投入资金、扶贫开发资金、基础设施建设资金等计入集体经营股；对农户家庭承包土地被征用，补偿农户相同面积的家庭经营股权，让其直接参与集体经营收益分配。

资本股份化。为充分体现农村集体所有制的优越性，沟北村采取"人头股"的形式，将集体经营股一次性全部量化到人、确股到户、按户分红，生不增、死不减、期满调整。同时规定社员家庭今后新增人员，只能通过分享家庭内部集体经营股的办法，获得收益份额和集体成员身份；规定集体经营股可在户内共享、社内流转，还可在社内抵押、有偿退出。

三、紧盯"改"的关键：扭住重点抓推进

沟北村结合村情民意，组织干部群众和股民代表讨论制定《农村集体股份经济合作社章程》，创造性地开展农村集体产权制度改革。

（一）全面开展清产核资。清产核资是做好农村产权制度改革最基础的工作。为此，沟北村成立了从村到组、有干部和群众代表参与的清产核资工作组。对所有资源性资产、经营性资产、非经营性资产和资金类资产等清查核实，对农户家庭承包的耕地、坡地、林地等资源性资产，明确落实村集体的所有者权属；对房屋、建筑物、路渠井棚等经营性资产，采取重置成本法重新估价；对非经营性资产和资金类资产实行现价法核查。通过清地确权、清产核资，共核实土地资源 6 064.56 亩（其中集体预留机动地 595.65 亩，农户承包地 3 976.11 亩，林地 453 亩，"四荒地"500 亩，农村集体建设用地

539.8 亩），经营性资产 276.95 万元，公益性资产 922.12 万元，摸清了集体"家底"，为搞好农村集体产权制度改革提供了保障，使之成为沟北村此项工作的一大亮点和特色。

（二）明确界定所有权。沟北村严格遵循《中华人民共和国宪法》《中华人民共和国土地管理法》《中华人民共和国物权法》等法律法规，按照"不打乱集体所有权界限，合理界定农村集体资产产权归属"的原则，重点对村组集体之间的资源资产资金所有权进行确权登记颁证，并依法授权村或组集体经济组织代表全体社员行使所有权。

（三）一图规划引导流转。将宅基地、承包地、机动地、林荒地等集体资产，标注绘制成《沟北村集体经济组织清产核资权属规划分布图》，规划了鲜桃、红提葡萄、立架苹果、樱桃采摘、设施农业、杂果、光伏电站、农户自耕等 8 个产业区域。通过支部决策、干部带头、大户示范、效益对比，引导群众自愿将土地储备到集体股份经济合作社，原价发包给产业大户。目前，全村规模化经济作物占耕地面积的 67%，该图也被国家农业农村部列入教案在全国推广。

（四）确定组织成员身份。本着"统筹考虑户籍关系、农村土地承包关系、对集体积累贡献"等因素的思路，沟北村按照"六取得、六丧失、八保留、五讨论"准则和"取得社员资格、保留社员资格、社员资格自动丧失"等 6 种情形，界定农村集体股份经济合作社社员资格，经初始登记、复核调查、张榜公示和全体村民民主决议、股东成员（代表）大会决定，确定集体成员身份，共认定村集体股份经济合作社社员 340 户、1 253 人，相继将股权证、土地承包经营权证、林权证、房地一体所有权证发放到户。

（五）成立村集体股份经济组织。沟北村通过申请组织登记和工商营业执照注册，挂牌成立了村集体股份经济合作社。在征得 2/3 以上成员同意的前提下，依照"确权确面积不确地块"原则，对零散经营的家庭承包土地统一调整，扩大经营规模。村合作社还设立了集体经济发展基金，组建金融服务、农资供应、农机农技服务、农产品营销等管理机构或服务实体，注册成立了生产经营类子公司，建立跨村跨镇的区域性经济联合体。

四、优化"改"的成效：多业并举助增收

一是产业服务创收益。由集体领办的沟北果蔬专业合作社，新建产业服务中心1 230平方米，农产品交易场所800平方米，果品储存冷库1座，开展流转土地、提供产前技术指导和产后销售服务。村集体按照0.1元/公斤的价格在销售环节向客商收取服务费，开展电商营销提取0.2元/公斤服务费，已组织销售农产品2 000吨以上。

二是合作经营增收益。合作社利用苏陕对接合作项目，投资797万元建成日光温室34座（草莓、大棚樱桃）葡萄冷棚176个、销售产值达3 300万元。

三是参股经营添收益。将财政扶贫资金投资建设联村光伏电站，占股222.5千瓦；利用苏陕协作资金40万元投资海峰现代农业园区，建成高杆立架苹果120亩，采取"保底土地流转费＋技术培训＋务工收入"方式。流转土地60亩，以24座大棚入股启成农业，种植新品种樱桃，村股份经济合作社占股49%，启成农业占股51%，仅此一项集体收入可增加40万元。

四是资源发包保收益。通过清产核资收回机井2座，规范发包机动地

沟北村集体经济组织成员在园区务工

沟北村集体经济组织 2018 年度分红大会

495 亩，盘活集体建设用地，缴纳各类租赁费用 14 万元以上。

　　沟北村红提搭建冷棚后每斤价格提高 1.5 元，亩均增收 4 500 元，电商销售带动农民年增收 500 万元以上。村病虫害防治专业合作社带动参与务工 200 余人，每人每年园区务工收入达 1.2 万元。农户通过合作社，将 2 350 余亩土地流转给专业大户，增加了财产性收入。村股份合作社每年总收益按 27% 提取公积金、10% 提取公益金，其余收益以户为单位按成员股权分红。2018 年，村民晏平由于合作社的支持，承租冷棚 10 个，并改以往的葡萄种植为草莓、甜瓜作物，当年收入 40 万元。2020 年底，沟北村股份合作社经营性资产达 1 717 万元，收益 176.6 万元，实现净利润 147.6 万元。在提取公益公积金的基础上，累计分红 76.8 万元，社员每人分红 257 元。

发挥"城中村"区位优势 壮大村集体经济

国庆村是城中村，共有 5 个村民小组，215 户、653 人。2019 年村民人均可支配收入 22 518 元，村集体经济年纯收入 400 万元，村集体资产总额 7 282.5 万元。

一、改革背景

一是群众利益分配不公。随着城镇化步伐的加快，人员的迁入迁出，集体资产和人员构成日趋复杂，集体经济组织与其成员之间、老成员与新成员之间、成员与非成员之间经常发生利益冲突，村民群众上访不断。二是集体资产产权不清晰。由于传统体制下的集体资产产权不明晰、管理不规范、分配不均衡，集体成员实际没有成为集体资产的主人，村民还普遍存在"分光吃尽、坐吃山空"的思想，发展壮大集体经济的后劲不足。三是管理经营体制不顺。按照现行的法律规章，村党总支是党的基层组织，村委会是村民自治组织，两者都不具备集体资产管理运营的职能。

二、主要做法

（一）学习外地经验，明确改革任务。镇党委、政府高度重视，先后两次组织村组干部、群众代表等赴外地考察，在借鉴外地成功经验的基础上，结合国庆村的实际情况，围绕改革进行了广泛的交流研讨，理清了改革试点工作的思路和具体任务。

（二）强化组织领导，制定实施方案。为确保改革试点工作有序推进，镇党委迅速成立了由相关站所负责人为成员的工作领导小组，领导小组下设综合协调、清产核资、纪律监督、信访维稳 4 个专项工作组，抽调县、镇、村精干力量，成立了 15 人组成的驻村工作队，自改革之日起，全天候进驻开展改革工作。研究制定、表决通过了《城关镇国庆村集体资产股份合作制改革试点工作实施方案》，明确了改革试点工作的任务和步骤。

（三）广泛培训宣传，营造良好氛围。通过多次举办由改革组成员、农户代表参加的改革工作专题研讨培训班，进一步统一了思想认识。同时，通过召开会议、发放"致广大农户的一封信"等形式，广泛宣传改革的目的和意义，充分调动了广大村民参与改革的积极性和主动性，营造了改革的良好氛围。

（四）深入调查摸底，选举联户代表。全面开展入户摸底登记工作，以户为单位确认户主 215 名，并按 3 户确定 1 名联户代表的比例，投票选举产生联户代表 71 名，并选举产生 5 个 5—7 人组成的社一级改革工作小组，同时召开全村联户代表会议，选举产生 15 人的村集体资产股份改革工作小组，为稳步推进改革试点工作奠定了基础。目前，通过入户确认参与此次改革的农户 215 户、655 人，并推选出联户代表 71 人。

（五）严格工作流程，全面清产核资。成立了由村"两委"干部、监督委员会成员、村民小组组长、群众代表等组建的清产核资小组，经户代表大会通过后，在县农经干部的指导下，严格按照清产核资工作有关规定，对村社两级集体资产进行全面清理核实。村社共清查核实资产 7 282.5 万元，包括现金 470.2 万元，应收款 4 088.7 万元，固定资产 2 723.6 万元。其中，经营性固定资产 2 504.5 万元，非经营性固定资产 219.1 万元，负债 1 151 万元，所有者权益 6 131.6 万元。

（六）注重坚守底线，制定"两个办法"。以公安户籍资料为基础，结合户代表确认表和计生系统统计报表，三表合一对全村人员信息进行了系统梳理，按照"尊重历史、兼顾现实，保障权利、权责对等，坚守底线、公平公正，程序规范、群众认可，村社同权、同步推进"的原则，充分考虑土地承包、村规民约、户籍等因素，驻村工作队经过反复讨论酝酿，制定了集体经济组织成员身份确认办法（征求意见稿）和集体资产清产核资办法（征求意见稿）。"两个办法"提交村级工作小组讨论通过后书面印发，由驻村工作组成员分5组，分社逐门逐户走访征求群众对"两个办法"的意见建议，共征集意见建议24条，并对征集到的意见建议召开专题会议逐条进行讨论，针对"空挂户"反响较大、意见建议比较集中的实际，召开了村级工作小组与"空挂户"代表的对话会。在此基础上，分社召开表决会议并经到会的174名户代表表决通过。

（七）认真反复核查，确认成员身份。"两个办法"经表决通过后，各社工作小组，按照"办法"将村民分别确认为集体经济组织成员、阶段性集体经济组织成员及不予确认为集体经济组织成员3类情况，召集各社工作组成员，逐户逐人对人员进行身份类别确认，最终确认集体经济组织成员533人，阶段性集体经济组织成员22人，不予确认为集体经济组织成员121人，并对成员身份确认结果进行了"三榜"公示。

（八）制定配置办法，量化股权份额。县、镇工作队和村干部、村社工作组成员多次开会讨论，研究制定了股权配置办法（征求意见稿）。分社召开成员户代表会议讨论股权配置办法，并逐户征求意见后召开户代表大会进行投票表决。最终确定配置成员股50%、老龄股45%、集体股5%，并根据清产核资结果，将村集体经营性净资产进行折股量化。

（九）成立组织机构，谋划资产运行。在清产核资、成员身份确认和股权配置完成后，开展了集体经济组织候选人酝酿讨论，经村民提议和镇村研究，确定了集体经济组织理事会、监事会人员候选人，起草表决通过了选举办法，召开了成员大会，制定表决通过了《国庆村集体股份经济合作社章程》，选举成立了农村集体经济组织，制定了集体资产运营各项制度和理事会、监事会等工作职责。同时，积极谋划资产运营，先期充分考虑国庆村是"城中村"的区位优势，发展物业经济，既解决了国庆村人员就业问题，又发展壮大了村集体经济，预计集体经济收入可达150万元，户均分红6 900元，人均2 800元。

三、经验启示

一是把好成立机构环节关。村社工作小组的成立很有必要，让群众充分参与到改革的各个环节，真正体现群众的事情群众说了算。二是把好宣传动员环节关。在此环节中，结合入户宣传，确定户主代表，对人员信息进行初步的调查摸底，避免改革工作中同家庭成员意见不一致的问题，可由户主代表全权代表家庭其他成员行使改革过程中的各项权利，这样工作开展方才顺利。三是把好制定方案环节关。方案制定一定要结合村情、社情，不要盲目照搬县上或其他村的方案内容，尤其是成员身份确认环节，因各村人员构成类型不同，若制定方案不慎，容易造成工作被动。四是把好清产核资环节关。要让村监委会成员、群众代表参与到清产核资工作中来，切实做好公示公开，群众认可。五是把好身份确认环节关。在制定成员身份确认办法时，要注意细节问题，"宜宽不宜严"，不要以违反法律法规的约定俗成和村规民约作为认定成员的依据，形成的界定办法要征求司法等部门意见，做到程序规范、主体合法。六是把好股权配置环节关。股权配置要审慎对待。设置哪些股种、按啥比例配股，这些环节都需要改革领导小组、工作组、村（社）工作小组参与讨论，成员之间差距不宜过大，要充分体现公平性。

甘肃省嘉峪关市文殊镇河口村：
促进全村经济快速发展 带领村民增收致富

河口村毗邻嘉峪关南市区，地处动车南客站中心区，交通便利，区位优势明显。全村共有 7 个村民小组，501 户、1 794 人，耕地面积 5 985.21 亩。自开展农村集体产权制度改革试点以来，河口村始终把深化改革作为促进全村经济快速发展、带领村民增收致富的中心任务和根本目标，积极探索，大胆实践，总结经验，完善机制，探出了好路子，创造了好经验。2019 年，全村人均可支配收入达 20 998.8 元，同比增长 9%，村级集体资产总额达 1 240.04 万元。

一、主要做法

（一）健全机制，扎实稳妥推进改革。一是强化统筹谋划。文殊镇根据省、市农村集体产权制度改革试点工作安排部署，按照"试点先行，有序推进"的工作思路，高标准推进河口村集体产权制度改革工作，多次召开专题会议学习相关政策，分析形势任务，召开村组干部座谈会，充分听取群众意见建议，经反复酝酿、集体研究，因地制宜制定改革实施方案，确保改革各项工作稳步推进。二是健全组织领导。成立以村党支部书记为组长，村委会主任为副组长，各村民小组组长为成员的工作领导小组，同时，成立专项工作领导小组，抓好改革工作。三是凝聚思想共识。组织村组干部认真学习省、市相关会议精神，邀请相关专家讲授辅导，开展调研论证，入户宣传政策，凝聚共识、形成合力，营造干部群众积极支持和参与改革的浓厚氛围。

（二）激活要素，夯实打牢产改基础。河口村把清产核资和集体成员身份确认工作作为改革突破口。一是精准核实，摸清"家底"。坚持"尊重历史、实事求是、民主公开、规范管理"的原则，按照"产权清楚、摸清存量、分清变量"的要求，在市镇经管站和会计事务所指导下，以村、组会计账簿为依据，坚持账内账外、实物盘点同核实账务相结合，以物对账，以账查物，清查核实农村集体资产总额。严格执行"四议两公开"，妥善处理各类历史问题，充分发挥群众监督作用，确保群众对清产核资结果满意。对部分债权人不明、债务人死亡、债务用途欠款查无凭证等呆账、坏账，召开村民代表大会讨论表决并经上级主管部门同意后进行核销。对各类支农项目和帮扶工作中，涉及各部门和单位交付村集体使用的资产进行产权界定，界定为村集体所有的，及时办理所有权认定和资产移交手续；对部分价值不清、部门单位无法提供价值依据的资产，进行价值评估，经村民代表大会审议后登记入账。对有经营性收入的7个村民小组单独建立了财务账套。全村共清查核实村级集体资产总额1 240.04万元、资金234.04万元，组级集体资金18.41万元、资源总面积1.15万亩。二是严格程序，明确"身份"。严格遵循"尊重历史、兼顾现实，统筹考虑户籍与土地因素、程序规范、群众认可"的原则，根据《嘉峪关市农村集体经济组织成员身份确认指导意见》，召开村民小组会议、村民代表大会讨论决议通过河口村成员身份确认办法，确保程序规范、群众认可。梳理出可确认为成员资格的14种情形和不能被确认为成员的11种情形，共确认成员1 699人，95人没被确认为成员（主要为人在户不在、"空挂户"和公职人员），并为每位成员颁发了股权证，作为其参与决策和利益分配的凭证。

（三）民主决策，保护农民权益。一是股权配置保障权益。以资产为纽带，充分协调各方利益，经村"两委"班子和监督委员会、村民代表大会多次研究讨论、征求意见，表决通过了股权配置方案，最终确定配置成员股、老龄股、资源股、集体股4种股权类型，并根据清产核资结果，将村集体经营性资产折股量化。二是建立规范运行机制。在清产核资、成员身份确认和股权配置完成后，遵循代表推选、支部提议、党委复审的原则，选举产生了股份经济合作社第一届理事会和监事会，表决通过了《河口村股份经济合作社章程》和集体资产运营各项制度和理事会、监事会等工作职责。

（四）搭建平台，提升培育产业效益。通过盘活农村资源、存量资产和人力资本，形成了土地流转保收益、文旅融合产业兴、品牌效应百姓富的新态势。一是土地流转保收益。针对村民闲置土地撂荒的问题，通过"外引内联"的方式，动员农户将土地、林地入股到股份经济合作社，再由股份经济合作社统一流转给市级龙头企业丰源农业科技有限公司，实现保底分红。每年亩均获取土地租金保底分红 500 元，户均收益 2 400 元，最高获利可达 7 000 元，并以每年 10% 的标准逐年增加效益分红。近 300 位村民到企业务工，每人每年获得至少 6 000 元的务工收入；农户将自己的农副产品直接卖给龙头企业进行深加工和反季节储藏，获取了更高收益。通过引入龙头企业，参与入股的农户户均年红利至少 1 万元。二是文旅融合产业兴。依托优势产业发展乡村旅游，通过成立文殊镇河口村乡村旅游管理委员会，对全村旅游资源进行全面整合，发展"农户＋乡村旅游管委会＋田园综合体"模式。在原有产业基础上，鼓励广大农户将小、散、养经营产业融入乡村旅游，实现农户以劳力、农产品、运输车辆、保洁服务、资金等入股享受分红，最大限度释放改革的集成效应，带动全村果蔬采摘、交通运输、餐饮娱乐全面发展，形成美丽乡村田园综合体、特色小镇新业态，实现林地租金保底收益 11.8 万元，小、散、养产业收益 16 万元，农产品销售收益 80 万元，劳力、运输车辆、保洁服务收益 360 万元，每年产生红利约 467.8 万元，每个成员从中获利 4 300 元左右。三是品牌效应百姓富。发展"股份经济合作社＋电子商务＋种植农户"模式，利用财政资金、自筹资金加强种植基地配套设施投入，调动农户种植积极性，注重高质量产品培育。以改革为契机，建立产业链条利益联结机制，加强合作社的技术指导，强化农产品技术培育和产品质量，创造农产品"精、特、亮"品牌，促进设施农业提质增效。利用电子商务发展线上、线下订单农业，进一步拓宽农户市场销售渠道，扩大农产品影响力，促进农民收入不断增加。

二、改革成效

（一）拓宽了产业发展路径。通过"土地入股"、统一流转，盘活了村级资源、存量资产，提高了农户土地利用率。通过"文旅融合"，乡村旅游成为新的增长点，基础设施全面升级，河口村返乡创业人员不断增加，建成农家旅馆、农家乐等 44 家，其中"80 后""90 后"经营农家旅馆的人员占全村发展乡村旅游从业人员 20%；举办乡村旅游文化节，乡村旅游再添活力，2018 年接待游客达 45 万余人次，实现销售收入 2 000 余万元。通过发展"股份经济合作社＋电子商务＋种植农户"模式，促进设施农业提质增效，进一步拓宽农户市场销售渠道，扩大农产品影响力，促进农民收入不断增加。

（二）实现了农民致富增收。农户将资产、资金、技术及劳动力入股新型经营主体，将农户从土地上解放出来，实现广大农户在自家门口多渠道就业、多方位增收。2018 年，全村乡村旅游从业人员 110 余人，获得红利 198 万元，每人年获利 1.8 万元；基地就业务工人员 300 余人，获利 180 万元，每人年获得红利 0.6 万元，农产品销售总额达 100 万元，每人年获利 0.5 万元左右。

（三）壮大了农村集体经济。通过将各级财政扶持支农惠农项目形成资产，界定为村集体所有并及时办理移交手续，大大增加了村集体资产存量，夯实了农村集体经济发展的基础。村集体积累成倍增加，达 526 万元，村集体固定资产 1 447.2 万元，增加了村集体经济发展资本，促进了村集体经济增长。

（四）健全了村级治理结构。通过成立股份经济合作社，实现了在村党支部领导下，村委会行使行政管理职能、农村集体经济组织运营管理集体资产的新型村级治理结构，初步建立了权责明确、产权明晰、公开透明、监督民主、运行规范、管理科学的集体资产运营管理机制，有效预防了村干部职务犯罪，切实提升了乡村治理水平。

青海省海西蒙古族藏族自治州乌兰县铜普镇都兰河村：
用好产权改革新红利 探索集体经济新路径

都兰河村位于青海省乌兰县东侧7公里处，南邻315国道，北邻青藏铁路，315公路和青藏铁路横穿本村，交通便利。全村辖4个社，现居住总户数354户、1 177人，村党支部现有党员36名。村民主要收入来源为种植业、养殖业、务工等。都兰河村作为青海省农牧区集体产权制度改革试点村，秉承"阳光下晒集体家底、多形式发展股份合作、所有人分享集体收益"的思路，按照"归属清晰、权能完整、流转顺畅、保护严格"的改革要求，在全面开展清产核资、全体成员身份确认的基础上，将各类村集体资产量化到人、固化到户，走出了一条符合农民意愿、富有乌兰特色的改革道路。2020年，村集体经营性收入达38.5万元，2021年达40万元，全村人均收入从2016年的4 300元增加至1.28万元以上。

一、高起点推进，创新改革工作新机制

改革工作中，都兰河村成立了以村党支部书记和村委会主任为双组长，村"两委"班子其他成员、老党员、老干部和群众代表为成员的改革工作小组。在改革过程中，从严把握成员界定和清产核资"两个关键"，坚守党的领导、集体资产农牧民集体所有、政策程序规范"三个底线"，强化组织、培训、财力、督导"四个保障"，聚焦全面性、彻底性、群众性、合法性、创新性"五个重点"，健全资产运营、财务管理、盈余分配、管理监督、产权交易管理、民主协商"六个机制"，高标准、高质量完成改革，为全县、全州乃至全省建立了一条可

铜普镇召开农村集体产权制度改革工作动员会

复制、能推广的工作经验。

二、高标准要求，严把改革工作总流程

（一）摸清集体资产资源，明细资产管理台账。以"资源充分利用、资产保值增值、资金规范运行"为目的，按照县级农牧区集体清产核资工作方案要求，及时成立工作小组，制定工作方案，坚持依法办事、规范操作、民主协商、民主管理的原则，通过清理、盘点、登记、核实、公示、确认等6个程序，做到不重不漏资产，对清查结果进行公示，在阳光下晒集体家底接受群众监督，都兰河村最终清查核实村集体资产829.66万元，其中长期投资127万元；集体土地总面积6.77万亩，其中农用地5.95万亩。

（二）理清集体成员边界，确保成员档案完整。都兰河村按照县级指导意见，结合村情实际成立了村集体经济组织成员身份界定工作小组，制定了身份界定工作方案。按照身份界定工作小组提议和社长会、党员会、村民大会表决通过的程序，确定2018年5月20日24时0分0秒为本村成员身份界

都兰河村召开集体资产清产核资工作会议

定基准日，召开村民代表大会讨论制定了成员身份界定的办法。工作小组按照方案要求进行摸底调查形成摸底名单，依照身份界定办法对摸底名单进行筛选形成建议名单，对建议名单进行"三榜"公示，公示无异议形成最终确认名单，由户主签字确认报镇产权办备案，真正做到了应确尽确，不落一人，共确定成员 354 户、1 177 人。

（三）准确折股固化到户，精确量化资产到人。根据《乌兰县农牧区集体资产股权设置与量化管理指导意见》精神，结合本村实际，依照民主决策、规范操作、因村施策的基本原则，由改革工作小组制定了《都兰河村股权设置和股权管理办法》，并经本村集体经济组织成员大会审议通过，对都兰河村经营性资产 127 万元按照 500 元 / 股的标准，进行折股量化，形成成员股、政策股等两种股权，折股量化总股数为 3 717 股。股权设置后，采取"量化到人、固化到户"的管理模式，原则上实行静态管理模式，不随人口增减变动而调整股权，在各户内部实现增人减人的平衡。

三、高规格驱动，搭建改革工作新平台

为规范建立健全村集体经济组织机构，都兰河村严格按照《乌兰县筹建村集体经济组织及选举理事会、监事会程序（模板）》，通过成立选举工作小组、选民公示、候选人推荐、选举结果批复等程序，选举产生理事会、监事会成员；建立村集体股份经济合作社等法定程序，组建完成都兰河村股份经济合作社。搭建合作社这个新平台后，通过土地股份合作，解决了土地细碎化和撂荒问题，以更低的成本提供土地资源的整合利用服务；承接了省州县的各类支农惠农项目，统筹配置资金和资源，使项目成果惠及全体农户；在土地利用开发、规模种养以及新品种技术推广应用方面，更好贯彻落实了农牧业政策，让全体成员共享惠农利农补贴。

四、高站位探索，共享改革工作新成果

（一）打好政策红利"牌"，探索集体经济"新路径"。改革完成以后，都兰河村股份经济合作社以脱贫攻坚、富民强村为目标，巧借茶卡盐湖旅游快速发展的东风，探索走出了一条"盐雕加工＋花卉种植"村集体经济发展路径，村集体实体经济发展模式初见"雏形"。一是建起"小作坊"试点"探路"。利用茶卡盐湖旅游资源优势，把特色旅游纪念品加工作为产业发展的重点，选派村干部到天格陶勒公司学习盐雕加工技术，带领村集体成员建起"小作坊"，初步探索加工盐雕、热敷盐袋、刺绣旅游产品。二是建设"加工厂"扎实"铺路"。紧紧抓住全州实施联企兴村"1+1"行动这一契机，与联点企业青海茶卡盐湖文化旅游发展服务有限公司共商帮扶之策、共建帮扶机制，形成了村负责加工盐雕、种植盆栽，企业负责收购外销的"订单式"帮扶模式。积极争取援青资金50万元建设盐雕加工一期厂房，进一步夯实基础设施建设，形成经营多元化、生产高效化的产业发展基地。三是注册"新商标"稳步"扩路"。积极与县内盐雕产业龙头企业天格陶勒公司协商合作，形成村集体厂

房设备＋企业先进工艺技术、销售渠道为基础的联营模式，注册"塔拉沁"产品商标，建立"市场—龙头—集体经济"产业链条，稳步推动盐雕及热敷盐袋加工销售，实现成员家门口就业增收。

（二）走好村企合作"路"，缔结产业发展"共同体"。探索推行"合作社＋公司"的联营模式，股份经济合作社与市场主体"利益联姻"，获得集体收入。一是充分发挥铜普镇旅游资源丰富、开发价值高的优势，与湖州和家兴旅游发展公司、乌兰县力杰民族文化发展有限公司达成协议，通过租用脱贫户房屋的方式，打造了"暖河之家""凡尘驿站"精品民宿，发展农家乐等乡村旅游服务业，让老百姓在家门口坐地生金，累计增收 16 万元。二是充分发挥都兰河村地理环境优越的优势，与察汗诺村协商确定，将援青资金 100 万元投入都兰河村建设蒙古大营餐饮服务项目，通过产业合作，提升了察汗诺村旅游服务能力，壮大了村集体经济。三是积极探索"扶贫车间"建设模式，聚焦政府、市场、企业多方合力，共筹 200 万打造群众家门口的"扶贫车间"，吸纳贫困群众到车间就业，拓宽了群众就业渠道。2020 年厂房建成投入使用以来，解决 60 人次就业，人均增收 1.2 万元，村集体经济增收 25.8 万元。

宁夏回族自治区吴忠市利通区古城镇红星村：
明晰集体资产 增强发展动力

.

宁夏回族自治区吴忠市利通区古城镇红星村下辖 7 个村民小组，现有人口 875 户、3 156 人。随着城市化发展，全部集体土地被征收，农民搬迁上楼，是典型的城中村，区位优势明显，交通便利，村集体经济发展较快。2017 年，按照利通区开展农村集体资产股份合作制改革试点工作的要求，红星村经过 1 年的努力，成立了红星村股份经济合作社。

一、主要做法

（一）注重凝聚思想共识，成立组织机构。红星村于 2017 年 5 月 26 日成立了农村集体资产股份合作制改革领导小组、人口清查小组、资产清理小组，确保改革各项任务落到实处。通过召开由村民代表、村监会成员会议和印发宣传册、"致农民朋友的一封信"等形式，让群众充分把握农村集体产权制度改革的性质、意义和政策，极大地调动群众参与改革的积极性、主动性，凝聚改革共识。

（二）开展集体资产清产核资，全面摸清家底。资产清理小组采取自上而下与自下而上相结合、账内清查与账外核查相结合、实物盘点同核实账务相结合，全面理清资产及资源的基本情况，并拍摄留存图片影像资料。针对本村集体资产量大，往来账目较多，部分往年呆死账、账外账、报废财产需进行核销等情况，村资产清理小组会同村监会、报账员、镇经管站会计共同认定后，召开村民代表大会进行处理并报镇农村集体产权制度改革领导小组审核，在村内公示。

（三）界定集体经济组织成员，保障成员权益。按照"尊重历史、兼顾现实、程序规范、群众认可"的原则，综合考虑村民的户籍关系、土地承包关系、收益分配关系，通过征求意见，反复讨论，结合本村实际，制定《红星村集体经济组织成员资格确认办法》，确定2017年6月30日为人员界定基准日。全面摸底人员信息并进行造册、登记、公示。针对群众反映的在外就职人员界定问题，采取函告和外调的方式确认；对部分弱势群体给予优惠的政策，做到既要改革还要稳定，既要坚持原则还要保护弱势群体、特殊人群的权益。通过3轮公示，最终确认集体经济组织成员876户、2 910人。

（四）集体资产折股量化，科学合理配置。在股权设置上和比例上，充分听取改革议事会和广大成员的意见，本着发展的愿景分设集体股和成员股，集体股占总股本的30%，用于集体发展经济和公益事业；个人股占总股本的70%，量化给村集体经济组织的每个成员。确定本村用于折股量化的经营性净资产为1.065亿元，以1 000元为1股设置10.65万股。其中，集体股本金3 196万元，折合31 960股；个人股本金7 459万元，折合74 569股，每人折25.70股。股权管理上实行生不增、死不减，进不增、出不减的"两不增、两不减"股权静态管理制度；因特殊情况而需扩股、缩股或调整的，必须经

红星村召开股东代表大会选举股份经济合作社理事会成员

成员大会 2/3 以上成员同意。

（五）成立集体经济组织，程序规范民主。按照"成立组织、制定方案，加强宣传、广泛动员，界定身份、确定成员，清产核资、摸清家底，资产量化、配置股权，制定章程、设置机构"程序，2018 年 4 月 23 日《红星村股份经济合作社章程》经成员代表大会表决通过。2018 年 5 月 2 日选举产生了红星村股份经济合作社第一届理事会、理事长、监事会和监事长。2021 年换届选举结束后，按照章程村党支部书记、村"两委"委员、村监会成员及主任分别担任了合作社，理事会的董事长，监事会的监事长。

二、取得成效

（一）明确了集体资产的权属和现状。通过清产核资，明晰了集体经济组织的资产及债权、债务情况，特别是理清了过去多年来形成的陈账，处理了呆坏账和不良资产，理清了集体的家底。股权配置后，大家明确了集体股也属于全体成员所有，个人股的持有也标志着自己对村集体财产有了话语权和决策权，真正实现了"资产变股权、村民当股东"。

（二）理顺了集体资产的使用范围和权限。村集体资产由原来的无计划支出变为预算支出。即在收益分红前将下一年度的常规支出提前按照预算做统筹预留，很大程度上确保了集体资产"有备而用"。

（三）优化了集体资产的管理体系。通过改革，理顺了村级集体经济组织与党支部、村委会的关系。初步形成了"三会"运作机制，改变了监督缺位的状况，使广大群众成为集体资产的管理者和改革的最大受益者。

（四）维护了社会稳定。村改革领导小组在处理错综复杂的人员确定工作中能够坚持原则，依法依规依指导意见秉公办事，保障了每位成员的权利。成员都认为这次改革是公平、公正的，是尊重民意的，是经得住考验的，是成功的，是和谐稳定的。

（五）资金支出有章可循。股改后的第一年集体收入 699 万元，经红星村股份经济合作社讨论通过，本年度各种支出及归还集体经济建设形成的债

红星村股份经济合作社召开股权证书颁证暨分红大会

务、利息共计 491 万元，结余 208 万元。按照章程约定比例和 70% 红利发放原则，当年合作社发放红利 145.56 万元。

（六）成员利益得以兑现。合作社成立后向各位成员发放了《吴忠市利通区农村集体资产股权证》，并召开分红大会。截至 2020 年，合作社为股民累计发放红利 450 万元。

三、经验启示

（一）理顺组织机构职能，提升了村集体经济管理水平。理清村党支部、村委会和集体经济组织的关系，逐步改变原有村级管理体制，维护全体成员利益，提高集体经济效益、促进集体资产保值增值，强化对资产的经营管理。

（二）成员关注集体经济发展，增强了合作社发展动力。开展集体资产股份合作制改革，成员不仅享受集体经济发展带来的红利，增加了财产性收入，同时还增强了参与集体资产经营管理的主动性和积极性。2018 年红星村筹资 4 000 余万元，建设红星综合楼，自 2020 年开始每年为红星村创造收入

280万元。按照章程合作社将争取在5年时间内完成全部欠款还款的同时为群众每年发放500元的红利。

（三）规范集体资产监督管理，促进集体经济发展。合作社经济发展主要得益于集体经营的红星仓储货运市场和红星幼教中心经营收入，还有富平园饭店、兰花花宾馆利通分店、西苑饭店、花蕾艺术学校、兰亭宾馆、临街10余套营业房共计171 200平方米的房屋租赁费收入。合作社每处资产都"挂铭牌、亮身份"，防止集体资产流失，村集体合作社经济管理变得更加公开、透明、民主，合作社财产得到保值增值。

新疆维吾尔自治区哈密市巴里坤县花园乡花庄子村：
严格把握七个步骤 扎实推进产权改革

花庄子村位于新疆维吾尔自治区哈密市巴里坤县花园乡以西 9 公里处，面积 169.54 平方公里，全村耕地面积 1.836 万亩，草场 4.2 万亩，有 10 个村民小组，总人口 1 093 户、2 669 人，2018 年村集体经济收入 21 万元，农牧民人均纯收入达 17 963 元。

开展农村集体产权制度改革试点以来，花庄子村紧紧围绕"成立组织、制定方案、广泛发动、清产核资、身份界定、折股量化、成立股份经济合作社"7 个步骤，按程序认真组织、扎实推进改革试点，取得初步成效。截至 2018 年底，全村资产总额 783.11 万元，资源性资产 6.35 万亩；确定集体经济组织成员 2 467 人，成立村级股份经济合作联合社 1 家。

一、加强组织领导，高位推进改革

为稳妥推进农村集体产权制度改革试点工作，成立改革试点领导小组，并多次召开改革试点推进会，全程指导参与产权制度改革。研究出台了《花园乡花庄子村集体经济组织成员身份界定暂行办法》《村集体资产折股量化实施方案》《村股份经济合作联合社章程（草案）》，完善细化规定，确保改革试点工作顺利推进。

花园乡"三包"工作组宣讲农村集体产权制度改革工作

二、加大宣传培训，政策进村入户

高度重视宣传培训工作，广泛宣传农村集体产权制度改革工作的重要意义、目的和方法步骤；充分利用专题培训、"三包"（乡分管领导包村、站所长包组、干部包户）工作组下基层宣讲等方式，做到宣传培训到组、政策宣传到户、改革内容知晓到人。

三、严格清产核资，全面摸清家底

成立村清产核资工作小组，深入村组召开清产核资大会，宣传清产核资重大意义、目的及方法程序，发动群众参与清查，做好资产指认和监督。区分村和组级集体资源、资产、资金及债权债务等，全面开展清查登记，逐项厘清产权关系，分类登记造册，对账实不符的资产进行指认登记入账，建立村、组级集体资产台账清单。结合清产核资，对村、组级债权债务边清查边追偿，确保村、组级集体资产"账账、账证、账表"相符。对清产核资结果向村民公示，对群众反映问题及时核查，接受群众监督。针对清查出无法追偿的债务、损失或新增资产，提出债务清理和盘盈盘亏方案，并召开村民（代表）大会审议通过后调整账目。全村共清理调整各类集体资源性资产 4 266 亩、经营性资产 2.15 万元、非经营性资产 572.45 万元、债权 6.44 万元、债务 8.83 万元，有效防止了集体资产流失。

四、合理确认成员，确保公平合理

制定《花园乡花庄子村集体经济组织成员身份界定暂行办法》，召开村民代表大会审议通过并公示无异议后执行。对于特殊情况，必须通过村民代表大会表决后方可实施。全面细致开展调查摸底，根据家庭成员不同情况设定调查表格，有效利用农村承包地确权登记成果，详细登记各类人员，并留存印证材料。在摸底研判的基础上，根据暂行办法，通过召开村民代表大会、张榜公布、签字确认的程序，依法依规进行成员界定，最终确定集体经济组织成员 2 467 人，不予认定成员 202 人，确保"人员登记不漏一人、农户签字不漏一户、身份确认不错一笔"。

花庄子村召开股份经济合作社成立大会

五、突出股权管理，维护成员权益

在扎实开展清产核资和身份确认的基础上，由成员民主协调确定股权设置、股份量化、股份管理模式，作为成员参与集体经济组织有关事务和收益分配的重要凭证。一是只设个人股、不设集体股。将个人股再设置为资金股和资源股，资金股为以组为单位的人口股和以村为单位的村部股。资源股为集体机动地股（即第二轮延包预留机动地、承包地确权后整合的其他方式耕地及弃耕复耕的土地）。二是合理量化资产。将可量化净资产进行全额量化，按成员个人股量化到个人。人口股以清产核资确定的可量化净资产总额为总股本，折成等额股份，按各组所属的实际净资产和成员人数确定每组的每股股金总额，一人一股。村部股是将属于村级的净资产净额，按照界定全村总成员数折成等额股份，一人一股。机动地股将未承包到户的集体机动农用地面积量化为成员股份，设置为机动地股，一人一股。三是合理配置股份。村委会制定了《花庄子村折股量化实施方案》，规定对成员家庭无债务的可按全股量化；有债务的按债务的金额区分配股，债务在 1 000 元以下的折股为 0.9股，债务在 1 000—3 000 元的折股为 0.8 股，债务在 3 000 元以上的折股为 0.7股；待股份合作社有收益分配时，有村级债务的成员家庭，全部成员的收益分配先用来偿还村级债务，等债务还清后方可领取现金红利。由乡农经站提供各组各户的精准债务情况，由"三包"工作组成员负责宣传政策、公布账目，在规定的时间范围内偿清债务的按全股量化，最终确定集体成员 2 467 名，折股 2 410 股。通过此规定收回农户拖欠集体陈年欠款近 10 万元。四是强化股权管理。股权实行"生不增、死不减、进不增、出不减"的静态管理模式，仅限在本社范围内依法继承、转让、赠送，不准退股提现。村民持有的股份有偿退出不得突破本集体经济组织的范围，可以在本集体内部转让（转让股份单人不得超过本组股份的 20%，避免一股独大）或者由本集体赎回，只限收益分配权，按占股比例进行收益分配。

六、登记成立组织，加强运营管理

一是科学推进股份合作制改革。成立村级股份经济合作联合社，推选村民小组代表参与联合社董事会和监事会经营管理，村联合社统一经营村、组级集体资源资产，年底单列结算分红等方式，审议通过《花庄子村股份经济合作社章程》《花庄子村股份经济合作社选举办法》，通过投票选举产生具有不同组级代表的理事会成员和监事会成员，并通过赋码登记和注册颁证，正式挂牌运营。二是加强运营管理。实行村股份经济合作联合社、村委会、组级分账管理，推进政经分离。合理设置联合社科目账套，实行财务收支预决算管理，2019 年初编制财务收支预算方案，经成员代表大会讨论通过，报乡委托代理服务站审批后执行。落实村级和各组级财务单列核算制度，科学处理村级和不同村民小组之间的利益关系。同时，年度收益分配方案必须经过成员（代表）大会表决通过；可分配收益在提取集体积累后，按照成员股份份额进行分配，股均分红不足 100 元时，暂不分红，直接结转下年。

七、做好档案管理，确保有据可查

村级配备了专职档案管理人员，全面加强改革试点档案资料的收集与管理。坚持改革每进行一步，档案资料及时收集归档，以村民小组为单位，各阶段的归档资料均由乡"三包"工作组成员、村民小组长和村民三方签字确认，村改革试点工作小组组长审核签字后，交由档案管理人员复审归档。每一阶段工作结束后，集中复制交由乡产权办审查归档，确保改革每个环节有据可查。

新疆维吾尔自治区昌吉市中山路街道小渠子一村：
夯实改革历程 创新合作模式

中山路街道小渠子一村位于新疆维吾尔自治区昌吉市宁边西路以北、天山路以西，属于城乡结合部。全村 165 户、401 人，村集体总资产为 5 567.77 万元，固定资产 576.82 万元。2016 年被确定为自治区级农村集体产权制度改革试点村。现村民主要以从事第三产业、流转土地、就近灵活就业为主，村民年人均收入 1.6 万元。2012—2019 年，村集体为失地农民交付养老保险和新型农牧民医疗保险费 380 万元。

一、夯实农村集体产权制度改革历程

农村集体产权制度改革涉及农民切身利益，而且该村地处城乡结合部，情况复杂、牵涉面广、易出矛盾。小渠子一村为规范操作，保证试点工作顺利进行，2016 年以来，在认真学习中央和自治区改革试点文件、充分借鉴兄弟省市农村集体产权制度改革经验的基础上，结合实际制定改革试点方案，严格按照规定程序，明确了"六步工作法"，精心组织，分步实施，得到了广大村民的支持和拥护。

（一）组织准备。街道成立了以党工委书记为组长、办事处主任为副组长、分管农业、农经、司法和相应科室领导组成的领导小组。该试点村也相应成立了农村产权制度改革工作小组、清产核资工作小组、成员界定工作小组等，系统学习改革文件及相关政策，研究制定改革措施；采取"公示墙"、大喇叭等形式，加大宣传力度，使农民群众了解和掌握改革的目的、意义及相关知识。

（二）制定方案。在充分征求意见的基础上，工作小组会制定改革方案，并先后召开村党支部会、村委会、村党员大会、村民（代表）大会，对村产权制度改革工作方案进行审议和表决通过，报经街道办事处批复同意和市农经局备案后，全面推开改革试点。

（三）清产核资。经征求村民代表意见，确定 2016 年 5 月 30 日为资产清查核准基准日。对试点村经营性资产进行全面清理核实，对固定资产的盘盈、盘亏、报废、损毁，流动资产的损失、挂账、呆账及负债等及时审理认定，严格按程序进行账务处理，做到账账、账实相符。核实结果表明，截至 2016 年 5 月，全村经营性资产达 5 567.77 万元，全面摸清了集体家底。

（四）成员身份确认。结合村居实际，以户籍和宅基地为依据，2016 年 6 月 30 日为集体经济组织成员身份确认基准日，对每户家庭成员进行逐人登记，经反复核对、村民（代表）大会表决和"三榜"公示，结合实际将在籍人员中，划分出第二轮承包地的成员，因升学、服兵役等户籍转出的成员，1993—1999 年新落户的人员，1999 年后落户未划分第二轮承包地的村民，新出生和嫁娶的人员等 5 类人员，确认为集体经济组织成员；将在本村居住的非农业户籍和考取公务员等户籍转出等两类人员不纳入成员身份确认范围。

（五）配置股份。将经过确认的清产核资结果与成员身份确认结果挂钩，经合作社成员代表大会讨论决定，将村集体经营性资产 5 567.77 万元作为股本，设置 30% 的集体股改风险金（1 670.33 万元）和 70% 的个人股（3 897.44 万元）。其中，集体股改风险金用于处置改制过程中和改制后的遗留问题。股权量化村民通过率达 99.9% 以上。

（六）成立组织。按照 10 户推选 1 名代表的方式，召开村集体经济组织成员代表大会，讨论通过了《小渠子一村多种经营合作社章程》，选举产生了理事会和监事会，并在农业农村部门登记注册、赋码。在管理经营模式上，依据市场经济规则制定发展规划和组织生产，突出农村集体资产保质增值和收益最大化。

二、合作社运行模式与特征

合作社对产权范围，集体成员身份确认、股权配置等重大问题，始终坚持如下"四项原则"：

（一）对农村集体资产量化的范围，坚持"循序渐进、党建引领、民主协商"的原则。在清产核资中，小渠子一村主要是针对完全失地的农村集体经营性资产进行核算量化。在量化过程中，优先量化没有争议的资产，而后量化有争议资产。改革过程中，如果出现成员间意见不统一时，"两委"班子、党员代表开会讨论，拟定方案，党员干部带头入户调研、协调矛盾，再召开成员（代表）大会讨论通过。

（二）对集体经济组织成员的认定，坚持"尊重历史、权责对等、标准统一"的原则。改革中，始终充分尊重合法合规的村规民约、约定俗成等村民认可的办法，在原集体经济组织范围内，统筹考虑户籍关系、土地承包经营权情况、生产生活历史及对集体资产贡献量等因素，依靠民主决策来确定。特别是针对考学迁出、招录公务员、进城务工等特殊情况，经村民（代表）大会表决，规定了对因上学迁出人员予以保留成员身份，待其毕业回本村落户后给予确认成员身份；对毕业后未回本村且招录为公务员的取消成员资格；对考上公务员的成员，取消其成员资格，其股份由集体收回；对享有第二轮承包地普通进城务工人员认定为成员身份。

（三）对股权设置，坚持"遵循市场规律、尊重农民意愿、确保风险可控"的原则。着眼村集体经营市场化程度高、遗留问题多等实际，为应对经营风险和处理遗留问题，做到集体经济发展和集体经济组织成员获得稳定可靠收益。小渠子一村在改制中充分发挥群众智慧，集体研究除设置了个人股（占70%）外，还针对改制中的遗留问题和应对经营风险，设立了30%的集体股改风险金，用于应对经营风险和处理遗留问题。股权量化后实行"生不增、死不减"的静态管理政策，对成员股份明确规定只限于依法依规在家庭内部成员转让、继承或赠予，不得提取现金、退股，只限收益分配权，按占股比例进行收益分红，不得在集体经济组织以外交易，确保了成员股份和集体资产不流失、集体资产风险可控。

（四）对重要环节，坚持"严格程序、公开透明、三榜公示"的原则。第一榜公布初步结果，要求全体人员进行核实，有异议提出确凿证据并经确认后进行修正；第二榜公布核实结果，要求全体人员进行确认；第三榜公布最终结果。在改革过程中，做到始终坚持让群众参与、群众决定、群众认可，确保改革效果和农村稳定。

三、改革及合作社取得的成绩

（一）明晰了农村集体经济组织成员财产权利。通过清产核资，全面摸清村三资底数，避免了村级资产流失问题的发生。同时有利于分类经营，有利于群众有效参与监督管理。通过股权量化，使每个成员资产权益得到保障和落实，形成了农民真正所有，人人按份享有的良性局面，真正实现了集体资产由共同拥有到按股共有的转变。

（二）规范了农村集体资产管理。清产核资结束后，建立健全集体资产登记、保管、使用、处置等制度，实行台账管理。严格落实民主理财，规范财务公开，切实维护集体成员的监督管理权，较好地推动了农村集体资产财务管理制度化、规范化。同时，成立成员代表大会、理事会、监事会等机构，使集体经济组织在经营管理模式上更加科学规范，避免了集体资产被侵占、挪用、浪费，从体制源头上预防和杜绝了农村干部违法违纪行为。

（三）探索了农村集体经济组织市场化运作模式。充分发挥集体经济股份合作社特殊法人作用，根据市场经济规则，妥善处理与村党支部、村民委员会的关系，建立完善合作社章程、议事决策、财务管理、资产处置等内部治理和运行制度机制。

（四）发展了多元化农村集体经济经营模式。通过此次改革，确定了村集体经济的发展目标，股份经济合作社由原来单一的集体机动土地流转、发包经营模式，拓展为自主发展种（养）殖业和物业经济；投资经营经评估后收入可达 8% 以上的物业或其他优质资产等资本经营；组织农户发展土地流转、土地整合、连片种植等生产经营等 3 种模式。通过对村集体资金、资产、资源的市场化运作，拓展了集体经济发展的方向和思路，为成员争取到更大的利益和实惠。2020 村集体经济收入 320 万元，是 2016 年的 10 倍。